主　编　张德龙
副主编　杨建鹏
编委会成员（按姓氏音序排序）
曹昱源　李晓刚　潘丽君　石万晓　吴玉明
辛志伟　杨建鹏　张德龙　张生成

兰州大学出版社

JIXIEJICHU

机械基础

zhongdengzhiyejiaoyu

图书在版编目(CIP)数据

机械基础/张德龙主编. —兰州:兰州大学出版社,2009.8

中等职业教育通用教材

ISBN 978-7-311-03158-9

Ⅰ.机… Ⅱ.张… Ⅲ.机械学—专业学校—教材 Ⅳ.TH11

中国版本图书馆 CIP 数据核字(2009)第 130796 号

策划编辑 张国梁
责任编辑 佟玉梅
封面设计 张友乾

书　　名 机械基础
主　　编 张德龙
副 主 编 杨建鹏
出版发行 兰州大学出版社 (地址:兰州市天水南路 222 号 730000)
电　　话 0931-8912613(总编办公室) 0931-8617156(营销中心)
　　　　 0931-8914298(读者服务部)
网　　址 http://www.onbook.com.cn
电子信箱 press@onbook.com.cn
印　　刷 兰州人民印刷厂
开　　本 787×1092 1/16
印　　张 9.75
字　　数 222 千
版　　次 2009 年 8 月第 1 版
印　　次 2009 年 8 月第 1 次印刷
书　　号 ISBN 978-7-311-03158-9
定　　价 16.80 元

出版说明

我国当前的教育格局是:第一,普及义务教育;第二,大力发展职业教育;第三,提高高等教育的质量。其中,职业教育被置于需要大力发展的重要地位。但是,由于我国职业教育起步较晚,教材建设与职业教育快速发展的需要存在很大差距。近年来,职业教育教材似乎并不缺乏,但普遍存在着这样或那样的问题,如内容陈旧且难度偏大,不符合教学实际;重理论、轻实用,缺乏职业特色,偏离职教目标;脱离地区、行业职业发展实际,未能充分体现"以就业为导向"的职教方针,等等。就西部地区而言,从教学效果看,由于现行教材编写时没有充分考虑我国地域发展不平衡的现状,没有充分照顾到经济、文化相对落后的西部地区的实际情况,教材使用中存在"水土不服"的现象。因此,针对现状,分析实际存在的问题,尽早尽快地进行教材改革和教材建设,打造适合西部地区生源状况、教学实际、就业需要的"本土教材",就显得尤为必要。

2007 年以来,我社组织人力率先对甘肃、青海、宁夏、内蒙古等省区的高职高专、中职中专院校展开深入广泛的调研,了解各院校学生来源、师资力量、教材配置、就业形势等情况,多次召开由教学一线优秀教师、专家共同参与的教材编写研讨会,反复探讨教学改革、教材建设的新理念、新路子,并针对多门学科教材的使用情况,多方商讨,精心编撰,用两年时间先后推出了高职高专、中职中专系列教材三十余种。今后几年内,大专业基础课、专业主干/核心课、稀有特色课程教材的研发将成为我社工作的重点。

这套系列教材有以下特点：

1.体现国际最新职业教育理念，且具有鲜明的“本土特色”。

2.力求打破传统教材模式，采用模块式编写思路，以项目/任务驱动教学，贴近教学改革，凸现职教特色。

3.内容以“够用”为度，定位准确，难易适中；教师易教，学生易学。

4.理论与实操并重，着力于应用型人才的培养。

本系列教材在出版过程中，我们虽竭尽全力，但限于时间和水平，难免在内容、形式以及编校质量上存在不足，这有赖于教学实践的检验。我们诚恳地希望广大师生提出宝贵意见，以便于修订再版。

信息反馈邮箱：zoo1960@sina.com

兰州大学出版社

2009年7月

前 言

《机械基础》是中等职业学校机械类专业的一门综合性技术基础课，学习目的旨在培养学生掌握机械应用的基本知识和基本技能，为下一步学习专业技术课打好基础，并为今后在工作中合理使用、维护机械设备，进行技术革新提供必要的基础知识和技能。

本课程是按照中等职业学校机械类专业的培养目标，参照中国劳动和社会保障部培训就业司颁发的《技工学校机械业专业教学计划与教学大纲》(2008)的要求，结合西北地区中职学校学生实际情况组织编写的，适用于普通中专、技工学校、职业高中各专业学生及广大自学爱好者使用。

在编写本书时重点考虑了以下几个方面：

第一，坚持以能力培养为主导，突出职业技术特色。根据机械类专业学生所从事岗位的实际需要，合理确定学生应具备的知识结构和能力水平，切实落实“管用、够用、适用”的教学指导思想，对教材的难度、深度作了较大调整。

第二，在教材编写形式上，采用模块化的设计思想，以课题教学的模式，引导学生由浅入深、由易到难、循序渐进地完成全书的学习任务。每个模块中的各个课题相互独立，但又围绕同一条主线，使学生学习时思路清晰，任务明确。

第三，全书尽可能采用图片、表格等方式，生动展现各个知识点，给学生营造一个更加直观的认知环境。课题后配有思考与练习，供教师、学生在课堂进行练习；模块后，专门配有综合练习，既可作为学生的课后练习，也可作为模块考核的测试题。

本书在编写时，从教学的实际情况出发，并考虑到学时安排情况，把液压传动部分不列入本书内容，在此特意说明。

全书教学课时安排建议如下表：

学时分配表

项目	绪论	模块一	模块二	模块三	模块四	模块五	模块六	模块七	模块八
建议课时	2	2	4	2	6	12	4	6	8
项目	模块九	模块十	模块十一	模块十二	模块十三	模块十四	模块十五	机动	合计
建议课时	6	4	4	2	8	4	2	4	80

本书由甘肃省机械高级技工学校高级讲师张德龙担任主编，中航工业陕西飞机工业（集团）有限公司工程师杨建鹏担任副主编，参加本书编写的还有甘肃省建材工业学校高级讲师曹昱源、天水市麦积区职教中心讲师李晓刚、甘肃省化工技工学校讲师潘丽君、甘肃省冶金高级技术学院讲师石万晓、张掖职教中心助理工程师辛志伟、甘肃省建材工业学校讲师吴玉明、甘肃酒泉职业技术学院讲师张生成。

由于编写者水平有限，时间仓促，书中难免存在一些错误和疏漏，恳请各学校同仁和广大读者提出宝贵意见和建议，并将意见及时反馈给我们，以便修订时进一步完善。

编者

2009年5月

目 录

绪 论

人类社会的发展,离不开生产力的发展;生产力的发展,更离不开机械的发展。机械是生产力发展水平的重要标志。早在古代,人们就利用杠杆、滑轮等简单机械,用以减轻劳动强度、提高工作效率。随着计算机技术、电子技术与机械技术的有机结合,工业生产的自动化程度越来越高,促使机械产品不断向着高速、高效、精密、多功能的方向发展。机械产品的制造水平已成为衡量国家技术水平和现代化程度的重要标志之一。

一、基本概念

机械是机构和机器的总称。

机器是人们根据使用要求而设计制造的一种执行机械运动的装置,用来变换或传递能量,从而代替或减轻人类的体力和脑力劳动。

机器一般由动力部分、传动部分、执行部分和控制部分组成,具体作用及应用见表 0-1。

表 0-1 机器各组成部分的作用

组成部分	作 用	应 用 实 例
动力部分	提供原始动力,把其他能量转换为机械能,驱动机器各部件运动	电动机、内燃机、蒸汽机、空气压缩机等
传动部分	把原始动力传递给工作部分的机构,属于中间环节	金属切削机床中的带传动、齿轮传动、螺旋传动等
执行部分	完成机器工作任务的部分,处于整个传动装置的末端,其结构形式取决于机器的用途	金属切削机床中的主轴、拖板等。根据工作需要,其运动形式可以是直线运动,也可以是回转运动或间歇运动等
控制部分	控制机器运动状态的部分	加工中心、数控机床中的控制部分

机构是用来传递运动和动力的组成单元,它可以是单一的零件,也可以是若干个零件。如图 0-1a)为一个机构。

零件是机器及各种设备的基本组成单元,也是加工制造的单元。如图 0–1b),共有三个零件。

图 0–1 十字滑块联轴器

构件是由许多具有确定的相对运动的零件组成的,是机构中的运动单元,如图 0–2 所示的内燃机(曲柄滑块机构)中的曲柄、连杆和滑块等。

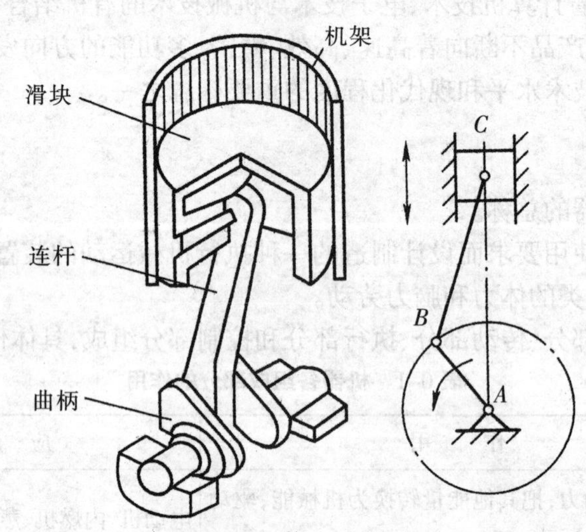

图 0–2 内燃机(曲柄滑块机构)中的曲柄、连杆和滑块

运动副是指两构件直接接触而且又能产生一定形式相对运动的可动连接。根据两构件的接触情况(点、线、面接触)不同,可以把运动副分为高副和低副两大类。

1. 低副是两构件以面接触的运动副。根据两构件之间的相对运动特征可分为转动副、移动副和螺旋副,其应用示例、表示方法见表 0–2。

由于低副是滑动摩擦,摩擦损失比较大,故传动效率较低,不能传递较复杂的运动,但制造相对容易。

表 0–2 低副的分类及应用示例、表示方法

类型	说 明	应 用	简 图
转动副	两构件接触处只允许做相对转动	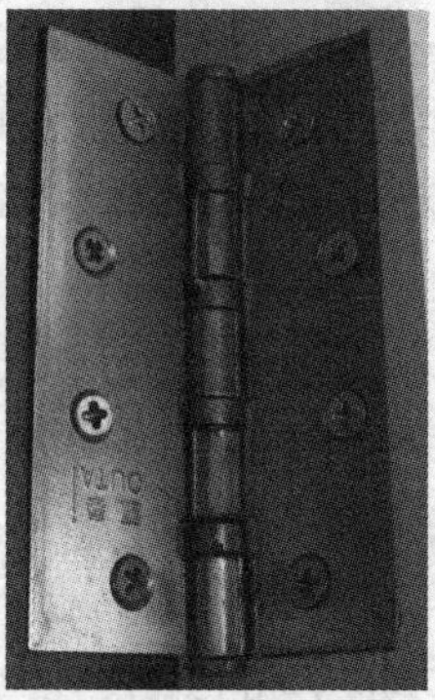	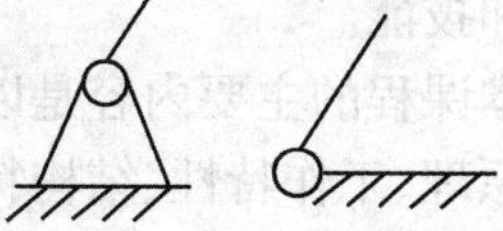
移动副	两构件接触处只允许做相对移动	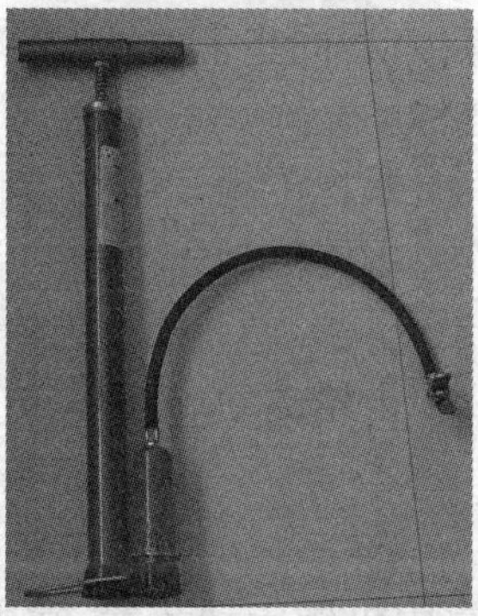	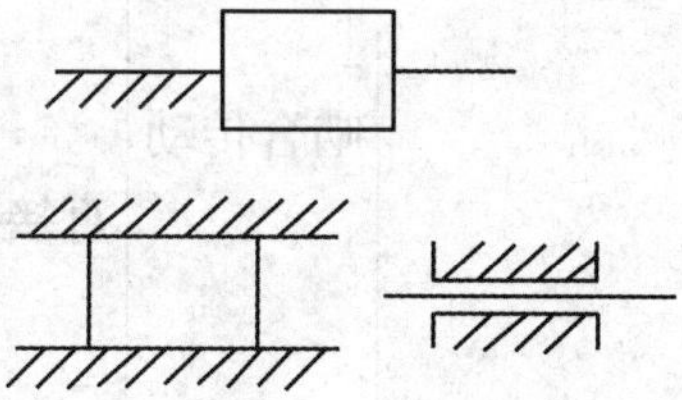
螺旋副	两构件在接触处做一定关系的既转又移的复合运动	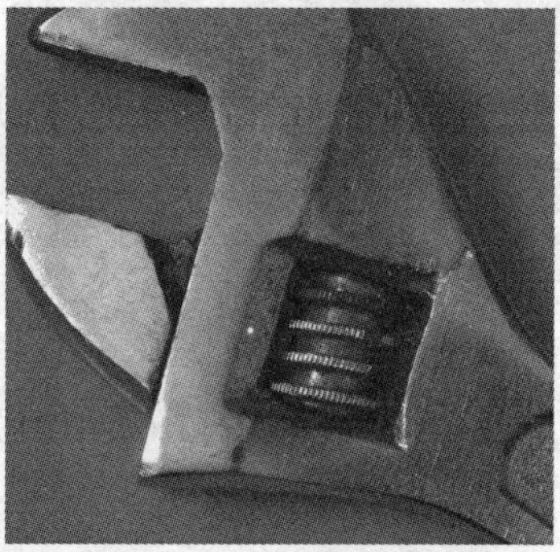	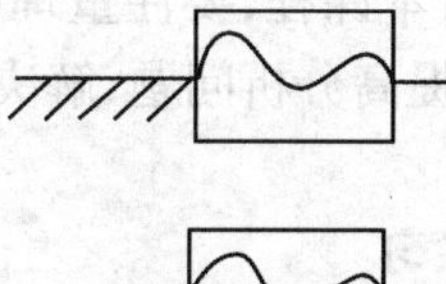

2. 高副是两构件以点或线接触的运动副。根据两构件之间接触形式不同，通常分为滚动轮接触、凸轮接触和齿轮接触。

生活中常见的滚动轮接触，如火车在铁轨上行进；凸轮接触，如饮水机出水控制装置；齿轮接触，如汽车玻璃升降器等。

高副由于是点或线接触，两构件接触处易磨损，寿命较短，在制造和维修上也比较困难。

二、本课程的性质、内容和任务

本课程是一门综合性的技术基础课，研究对象是一般工作条件下的常用机构和通用机械零件。学习目的在于培养学生掌握机械中的基本知识和基本技能，为下一步学习专业技术课程打好基础，并为今后在工作中合理使用、维护机械设备，进行技术革新提供必要的基础知识和技能。

本课程的主要内容是以机构与零件为主线，讲述机械中常用的传动装置、机构和零件的工作原理、工作特性、结构特点等。主要学习内容可归纳为：

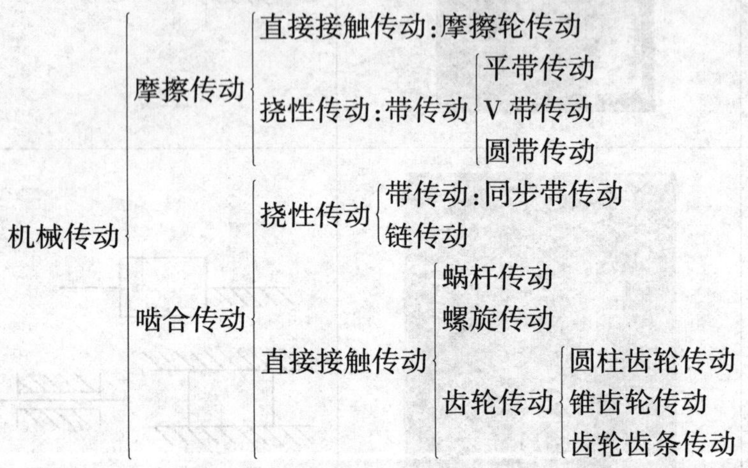

学习本课程，主要应熟悉和掌握常用机械传动装置、常用机构及轴系零件的基本知识、工作原理和应用特点；掌握分析机械工作原理的基本方法；能进行有关的基本计算；会查阅相关技术手册和选用标准件。

学习本课程，要注重理解和运用，注意在生产劳动中观察、思考问题，积累经验，联系实际，不断提高分析问题、解决问题的能力。

思考与练习

概述机械、机器、机构、构件、零件之间的关系。

综合练习

1. 机器一般由________、________、________、________四部分组成。
2. 运动副分为________和________两大类。
3. 属于机构的装置有(　　　)。
   A.台虎钳　　B.自行车　　C.联轴器　　D.汽车
4. 用来代替或减轻人类劳动的装备叫(　　　)。

A.机器　　B.机构　　C.零件　　D.机械

5. 机器中用来传递运动和力的部分是(　　)。

A.动力部分　　B.传动部分　　C.控制部分　　D.工作部分

6. 既属于带传动又属于啮合传动的是(　　)。

A.平带传动　　B.链传动　　C.齿轮传动　　D.同步带传动

7. 杯子和杯盖之间属于(　　)。

A.高副　　B.螺旋副　　C.移动副　　D.转动副

8. 零件是组成机器的最小单元。(对　错)

9. 所有的带传动都属于摩擦传动。(对　错)

10. 低副比高副承载能力大。(对　错)

11. 窗与窗框之间的连接属于高副。(对　错)

12. 机构一般由若干零件构成。(对　错)

13. 机器有哪些特征,它与机构有什么区别?

14. 举例说明生活中的机器与机构。

15. 试列举日常生活和生产中高副与低副的实例。

16. 你打算如何学好《机械基础》这门课?

模块一　摩擦轮传动

课题　摩擦轮传动概述

一、摩擦轮传动工作原理

摩擦轮传动是利用两轮直接接触所产生的摩擦力来传递运动和动力的一种机械传动。如图 1-1 所示为最简单的摩擦轮传动。在正常传动时，主动轮依靠摩擦力的作用带动从动轮转动，并保证两轮的接触面处有足够大的摩擦力，使主动轮产生的摩擦力矩足以克服从动轮上的阻力矩，带动从动轮转动。如果摩擦力矩小于阻力矩，两轮接触面处在传动中会出现相对滑移现象，称之为“打滑”。

摩擦轮传动要求两轮之间要有足够的摩擦力。根据最大正摩擦力与正压力、摩擦系数的关系，增大摩擦力的主要途径有：

1. 增大正压力。增大正压力可以在摩擦轮上安装弹簧或其他的施力装置，但同时会增加作用在轴上的载荷，导致传动件尺寸过大，使机构笨重。

2. 增大摩擦系数。增大摩擦系数的方法通常是将其中一个摩擦轮用钢或铸铁材料制造，在另一个摩擦轮表面上粘贴一层石棉、橡胶布、纤维、皮革材料等，且轮面较软的摩擦轮适宜作主动轮，可以避免在传动中产生打滑，导致从动轮的轮面局部受损而影响传动质量。

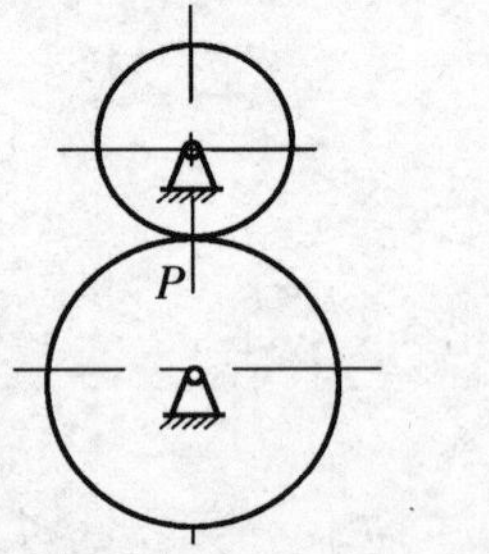

a) 外接圆柱式摩擦轮传动

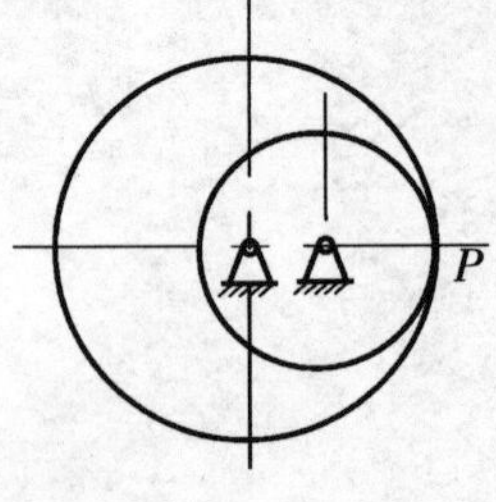

b) 内接圆柱式摩擦轮传动

图1-1　两轴平行的摩擦轮传动

二、传动比的计算

机构中瞬时输入速度与输出速度之比称为传动比。摩擦轮传动的传动比就是主动轮转速 n_1 与从动轮转速 n_2 的比值，用符号 i 表示。计算公式为：

$$i=\frac{n_1}{n_2}$$

式中 n_1——主动轮的转速，r/min；

n_2——从动轮的转速，r/min。

如图 1-1 所示，接触点为 P 点，假设没有相对滑动，则两轮在 P 点的相对速度相等，即 $v_1=v_2$。

因为
$$v_1=\frac{\pi D_1 n_1}{1\,000\times60}\quad(\text{m/s})$$
$$v_2=\frac{\pi D_2 n_2}{1\,000\times60}\quad(\text{m/s})$$

所以
$$n_1D_1=n_2D_2$$
$$\frac{n_1}{n_2}=\frac{D_2}{D_1}$$

由此可知，两摩擦轮的转速之比等于它们直径的反比。

综上所述，可知
$$i=\frac{n_1}{n_2}=\frac{D_2}{D_1}$$

式中 D_1——主动轮的直径，mm；

D_2——从动轮的直径，mm。

三、摩擦轮传动的特点

与其他传动相比，摩擦轮传动有以下特点：

1. 结构简单，维修方便，造价较低。
2. 摩擦轮表面为非金属材料时，噪音较小。
3. 过载时发生打滑，可防止机器中重要零部件的损坏。
4. 适用于两轮中心矩较近的传动。
5. 不能保持恒定的传动比，传动精度低。
6. 传动效率较低，不宜传递较大的转矩。

四、摩擦轮传动的形式及应用

摩擦轮传动可分为两轴平行和两轴相交，特点和应用见表 1-1。

表 1–1　摩擦轮传动的特点和应用

类型		简图	特点	应用
两轴平行	圆柱摩擦轮传动		1. 结构简单,制造方便 2. 压紧力大	用于小功率传动,如回转筒驱动、仪表调节装置等
	槽型摩擦轮传动		1. 压紧力较圆柱摩擦轮传动机构小 2. 几何滑动大,易发热与磨损,效率较低 3. 对加工和安装要求较高	用于绞车驱动装置等
两轴相交	端面摩擦轮传动		1. 结构简单,制造方便 2. 压紧力大 3. 轴向移动小轮可实现正、反向无级变速	用于摩擦压力机等
	锥形摩擦轮传动		1. 结构简单,制造方便 2. 设计安装时应保证轴线的相对位置正确,锥顶重合,否则几何滑动大,磨损严重	常用于大功率摩擦压力机等

思考与练习

1. 什么是机构的传动比？摩擦轮传动中其传动比如何计算？
2. 当摩擦轮传动没有相对滑移时，两摩擦轮的转速与直径有什么关系？
3. 试述摩擦轮传动的工作原理。

综合练习

1. 增大摩擦轮传动中摩擦力的方法有哪些？
2. 为什么说摩擦轮传动的传动比是一个瞬时传动比？
3. 为什么说摩擦轮传动只适合近距离传动？

模块二 带传动

课题一 带传动概述

一、带传动的组成与工作原理

1. 带传动的组成。

带传动一般是由主动轮、从动轮和张紧在两轮上带挠性的环形传动带所组成的，如图 2–1 所示。

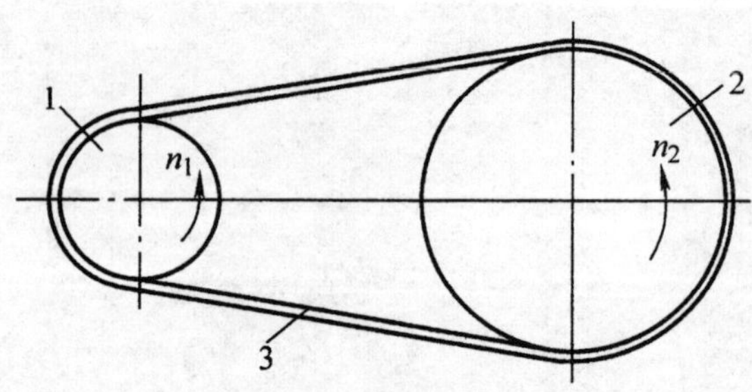

1.主动轮 2.从动轮 3.传动带

图 2–1 带传动的组成

2. 带传动的工作原理。

带传动是依靠带与带轮接触面间产生的摩擦力来传递运动和(或)动力的。

3. 带传动的传动比。

带传动的传动比是指主动轮转速 n_1 与从动轮转速 n_2 之比，用 i_{12} 表示。

$$i_{12}=\frac{n_1}{n_2}$$

式中 n_1——主动轮的转速，r/min；

n_2——从动轮的转速，r/min。

二、带传动的类型及应用

根据工作方式不同，带传动可分为摩擦型带传动（图 2–1）和啮合型带传动（图 2–2）两大类。

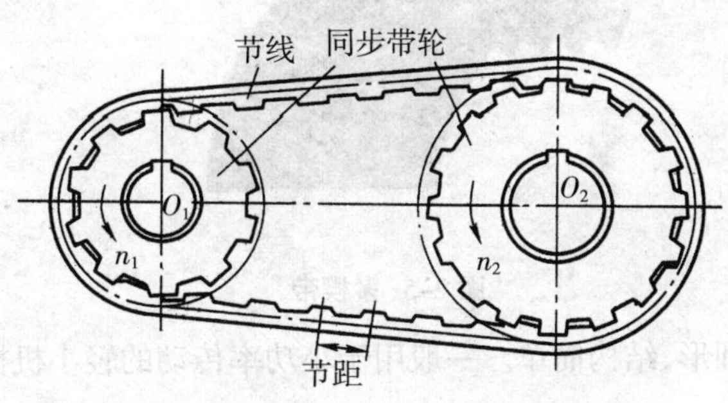

图 2–2 同步带传动（啮合型带传动）

摩擦型带传动又可分为平带传动（图 2–3）、V 带传动（图 2–4）、多楔带传动（图 2–5）和圆带传动。

1. 平带：截面形状为矩形，如图 2–3b）所示，工作面为内表面，主要应用于纺织机械、矿石输送机等设备。

a) b)

图 2–3 平带传动示意图

2. V 带：截面形状为梯形，工作面为两侧面，如图 2–4 所示。主要应用于拖拉机、洗衣机等。

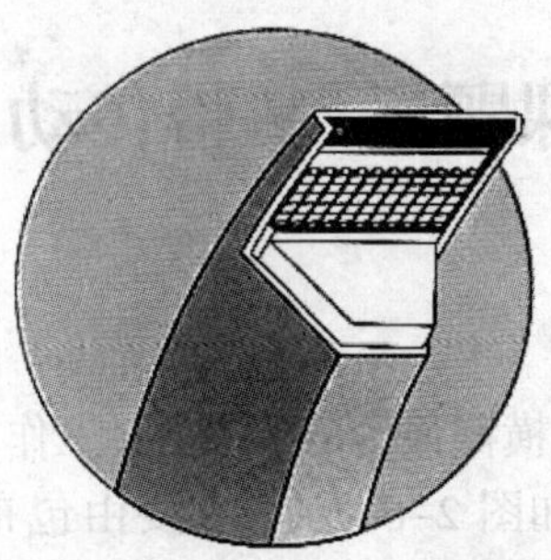

图 2–4 V 带示意图

3. 多楔带：它是在平带基体上由多根 V 带组成的传动带，可传递很大的功率。主要应用于发动机等设备中。

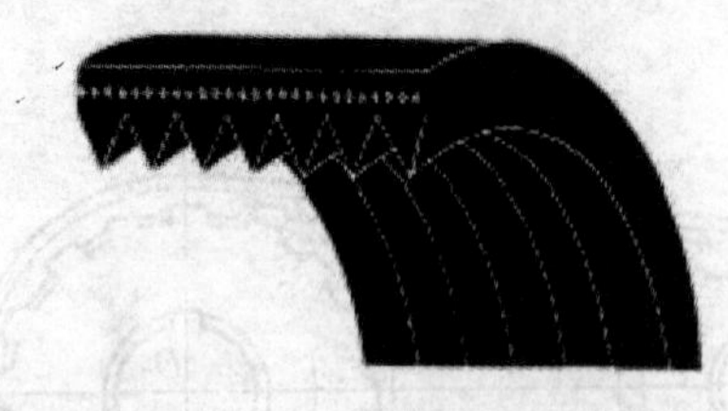

图 2-5 多楔带

4. 圆带：横截面为圆形，结构简单。一般用于小功率传动的轻小机械，如缝纫机、医疗器械等。

三、带传动的特点

带传动属于挠性传动，传动平稳，噪声小，可缓冲和吸振，允许有较大的中心距，结构简单，制造、安装和维护方便，且成本低廉。但传动效率较低，带的寿命较短，不宜在易燃、易爆场合下工作。

一般情况下，带传动的功率 $P \leqslant 100$ kW，带速为 5~25 m/s，平均传动比 $i \leqslant 5$，传动效率为 94%~97%。同步带传动的带速为 40~50 m/s，传动比 $i \leqslant 10$，传递功率可达 200 kW，效率高达 98%~99%。

相比较而言，摩擦型带传动过载时存在打滑、传动比不准确的情况；啮合型带传动可以保证准确的传动比，实现同步传动。在机械传动中，绝大多数带传动属于摩擦型带传动。

思考与练习

1. 带传动的工作原理是什么？
2. 试列举日常生活中的带传动类型。
3. 带传动的传动比如何计算？

课题二 V 带传动

一、V 带的结构

V 带是一种无接头的环形带，横截面为等腰梯形，工作面是与轮槽接触的两侧面，带与轮槽底面不接触。其横截面结构如图 2-6 所示，主要由包布、顶胶、承载层和底胶四部分组成。包布的材料是帆布，它是 V 带的保护层。顶胶和底胶的材料主要是橡胶。V 带工作时，顶胶弯曲拉伸，称为伸张层；底胶弯曲压缩，称为压缩层。承载层是 V 带的主要承力体，结构有帘布结构如图 2-6a)和线绳结构如图 2-6b)两种。帘布结构的 V 带制造方便,抗拉强度高,价格低廉,应用广泛;线绳结构的 V 带柔韧性好,抗弯强度高,适用于带轮直径小,转速较高的场合。

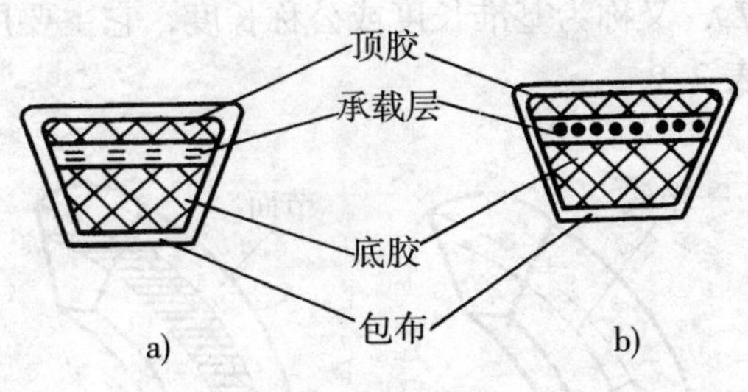

图 2-6 V 带的横截面结构

二、V 带的标准

常见的V 带有普通 V 带、窄 V 带、宽 V 带、汽车 V 带、大楔角 V 带等。其中以普通 V 带和窄 V 带应用较广,我们主要讨论普通 V 带传动。

楔角 φ_0 为 40°(带的两个侧面所夹的锐角),相对高度(h/b_P)约为 0.7 的 V 带称为普通 V 带。普通 V 带已标准化,按横截面尺寸由小到大可分为 Y、Z、A、B、C、D、E 七种型号,其截面尺寸节宽 b_P、顶宽 b、高度 h、楔角 φ_0 如表 2-1 所示。在相同的条件下,横截面尺寸越大,则传递的功率越大。

表 2-1 普通 V 带截面尺寸(摘自 GB/T 11544—1997)

型号/参数	Y	Z	A	B	C	D	E
节宽 b_P /mm	5.3	8.5	11.0	14.0	19.0	27.0	32.0
顶宽 b /mm	6.0	10.0	13.0	17.0	22.0	32.0	38.0
高度 h /mm	4.0	6.0	8.0	11.0	14.0	19.0	25.0
楔角 φ_0 /(°)	40						

当带垂直其底边弯曲时，在带中保持原长度不变的任一条周线称为节线，由全部节线构成的面称为节面，如图 2–7 所示。带的节面宽度称为节宽 b_P，当带垂直其底边弯曲时，该宽度保持不变。长度和宽度均保持不变的纤维层称为中性层，沿 V 带中性层（节宽 b_P 处）量得的带的周长称为节线长度 L_d，又称为基准长度或公称长度，它主要用于带传动的几何尺寸计算。其基准长度系列见表 2–2。

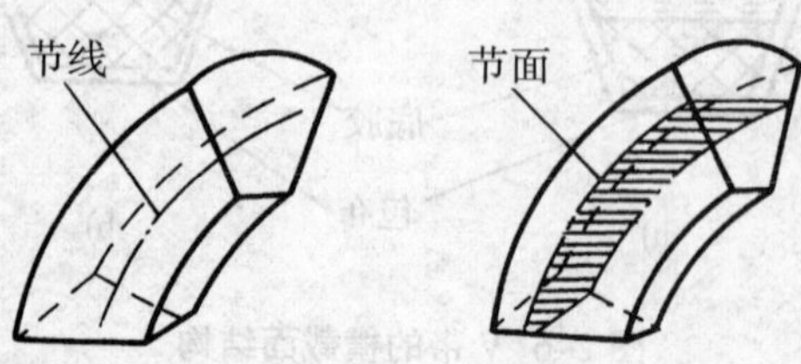

图 2–7 V带的节线和节面

表 2–2 普通V 带的基准长度 L_d（摘自 GB/T 11544—1997）

L_d/mm	型号	L_d/mm	型号	L_d/mm	型号
200	Y	900	Z A B	4 000	B C D E
224	Y	1 000	Z A B	4 500	B C D E
250	Y	1 120	Z A B	5 000	B C D E
280	Y	1 250	Z A B	5 600	B C D E
315	Y	1 400	Z A B	6 300	C D E
355	Y	1 600	Z A B C	7 100	C D E
400	Y Z	1 800	A B C D	8 000	C D E
450	Y Z	2 000	A B C D	9 000	C D E
500	Y Z	2 240	A B C D	10 000	C D E
560	Z	2 500	A B C D	11 200	D E
630	Z A	2 800	A B C D	12 500	D E
710	Z A	3 150	B C D	14 000	D E
800	Z A	3 550	B C D	16 000	E

普通V 带的标记由型号、基准长度和标准编号三部分组成，例如：A 1 400 GB／T 11544—1997，表示 A 型 V 带，基准长度为 1 400 mm。

三、V 带带轮的结构与材料

V 带带轮主要采用铸铁制造，常用的牌号为 HT150 或 HT200；转速较高时宜采用铸钢；当传递功率较小时可采用铸造铝合金或工程塑料等。V 带带轮一般由轮缘（安装 V 带）、轮毂（和轴相连）、轮辐或腹板（连接轮缘与轮毂）组成。按轮辐结构不同可分为实心式、腹板式、孔板式和轮辐式四种结构形式，如图 2–8 所示。

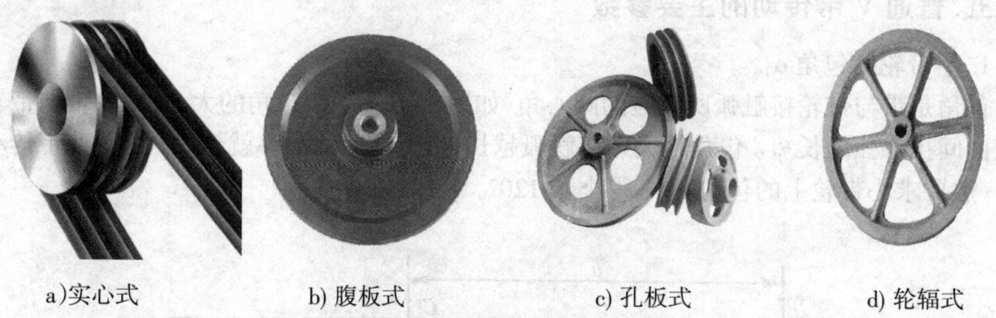

a)实心式　　b) 腹板式　　c) 孔板式　　d) 轮辐式

图 2–8　V 带带轮的常用结构

普通 V 带的楔角都是 40°,但安装在带轮上后,带弯曲会使其楔角变小。为了保证 V 带工作时带和带轮槽工作面接触良好,V 带带轮的轮槽角 φ 比 40°要适当减小，一般取 34°、36°、38°。小带轮上 V 带变形严重,对应轮槽角小些,大带轮的轮槽角则可大些。

四、V 带带轮的基准直径

V 带带轮的基准直径是指带轮上所配用 V 带的节宽 b_P 相对应处的直径，如图 2–9 所示。

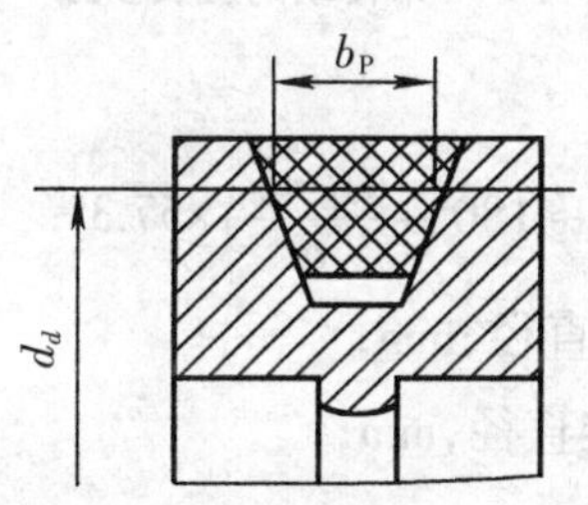

图 2–9　V 带带轮的基准直径 d_d

V 带带轮基准直径 d_d 的数值已经标准化,应用时须按国家标准选用标准系列值。在带传动中,带轮基准直径越小,传动时带在带轮上的弯曲变形越严重,V 带的弯曲应力越大,从而会降低带的使用寿命。如果基准直径过大,则带传动的整体外廓尺寸增大,结构不紧凑。普通 V 带带轮的基准直径 d_d 标准系列值见表 2–3。

表 2–3　普通 V 带带轮的基准直径 d_d 标准系列值(摘自 GB / T 13575.1—1992)

槽型	Y	Z	A	B	C	D	E
d_d min	20	50	75	125	200	355	500
d_d 的范围	20~125	50~630	75~800	125~1 125	200~2 000	355~2 000	500~2 500
d_d 的标准系列值	50、56、71、75、100、125、140、150、160、180、200、212、224、236、250、280、300、315、400、500、530、630、710、800、1 000、1 060、1 250、1 400、1 600、1 800、2 000、2 240、2 500						

五、普通 V 带传动的主要参数

1. 小带轮的包角 α_1。

包角是带与带轮接触弧所对应的圆心角，如图 2-10 所示。包角的大小，反映带与带轮轮缘表面间接触弧的长短。包角越大则接触弧越长，带能传递的功率就越大。为了使带传动可靠，一般要求小带轮上的包角 α_1 不得小于 120°。

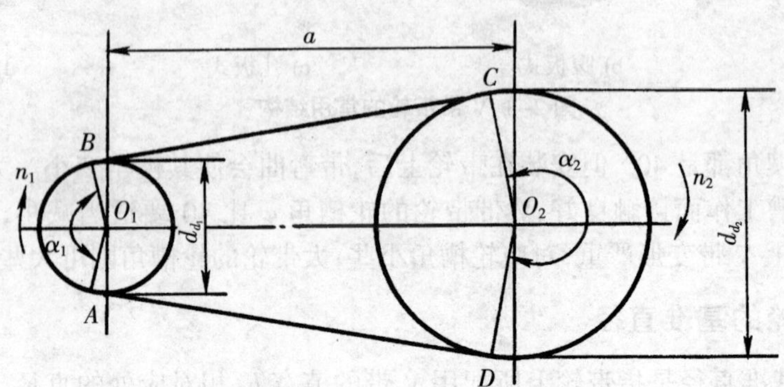

图2-10 V 带传动的主要参数

包角的大小可按下式计算：

$$\alpha_1 \approx 180° - \frac{d_{d_2} - d_{d_1}}{a} \times 57.3°$$

式中 d_{d_1}——小带轮的基准直径，mm；

d_{d_2}——大带轮的基准直径，mm；

a——中心距，mm。

2. 传动比 i。

如果不考虑带与带轮之间打滑因素的影响，则传动比为：

$$i = \frac{n_1}{n_2} = \frac{d_{d_2}}{d_{d_1}}$$

普通 V 带传动的传动比 $i \leqslant 7$，常用 2~7。

3. 带的基准长度 L_d。

带的基准长度 L_d 按设计中心距 a_0 进行计算：

$$L_{d0} = 2a_0 + \frac{\pi}{2}(d_{d_1} + d_{d_2}) + \frac{(d_{d_2} - d_{d_1})^2}{4a_0}$$

计算的基准长度 L_{d0} 确定后，按表 2-2 规定系列确定普通 V 带的基准长度 L_d。

4. 中心距 a。

中心距是两带轮传动中心之间的距离。两带轮中心距增大，能使带传动能力提高，但中心距过大，又会使整个传动尺寸不够紧凑，在高速时易发生振动，反而使带传动能力下降。因此，两带轮中心距一般在 0.7~2 倍的 $(d_{d_1} + d_{d_2})$ 范围内。

5. 带速 v。

带速 v 一般取 5~25 m/s。带速 v 太高或太低都不利于带的传动。带速 V 太低，在传递功率一定时，所需圆周力增大，会引起打滑；带速 V 太高，离心力又会使带与带轮间的压紧程度减小，传动能力降低。

6. V 带的根数 Z。

V 带的根数影响到带的传动能力。根数多，传递功率大，所以 V 带传动中所需带的根数应该按具体传递功率大小而定。但为了使各根带受力比较均匀，带的根数不宜过多，通常带的根数不大于 7 根。

六、V 带传动的安装维护

1. 带的长度和基准长度应正确选择，以保证 V 带在轮槽中的正确位置。V 带顶面和带轮轮槽顶面取齐（新带初次安装时可略高出），以保证 V 带和轮槽的工作面之间充分接触，如图 2-11 所示。

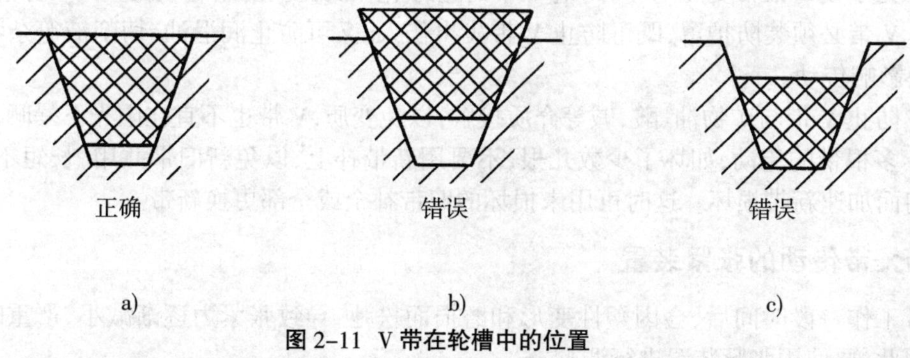

图 2-11　V 带在轮槽中的位置

2. 安装 V 带时，带的松紧要适当，不宜过松或过紧。带的张紧程度以大拇指能将带按下 15 mm 为宜，如图 2-12 所示。新带使用前，最好预先拉紧一段时间后再使用。

图 2-12　V 带的张紧程度

3. 安装 V 带轮时，两带轮轴线必须平行，轮槽应对正，如图 2-13 所示，a)为理想位置，b)、c)为允许位置，否则将加剧带的磨损，甚至使带脱落。安装时先缩小中心距，然后套上 V 形带，再作调整，不得硬撬。

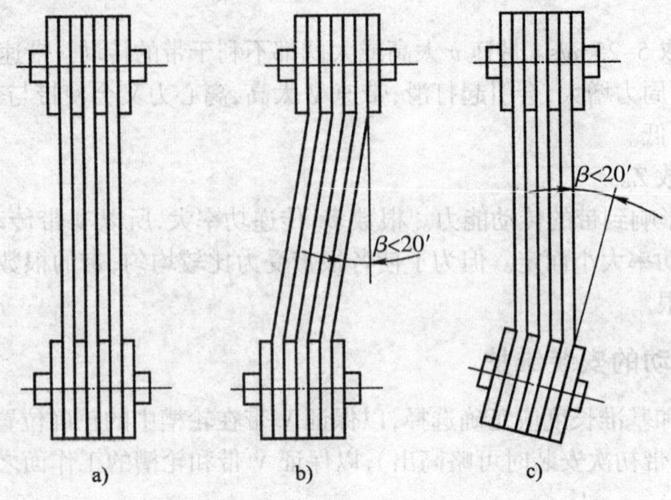

图 2–13 V带轮安装位置

4. 为了使每根带受力均匀，同组 V 带的型号、基准长度、公差等级及生产厂家应相同。

5. V 带必须装防护罩，既可防止 V 带飞出伤人，又可防止润滑油、切削液等杂物飞溅到 V 带上影响传动。

6. 防止 V 带与矿物油、酸、碱等介质接触，以免变质，V 带也不宜在阳光下暴晒。

7. 多根带的传动，如坏了少数几根，不要用新带补上，以免新旧带并用，长短不一，受载不均匀而加速新带损坏。这时可用未损坏的旧带补全或全部更换新带。

七、带传动的张紧装置

带工作一段时间后，会因塑性变形和磨损而松弛，导致张紧力逐渐减小，严重时出现打滑。因此，要使用张紧装置进行调整。

表 2–4 为常见的张紧装置。张紧装置分定期张紧和自动张紧两类。

表 2–4 带传动的张紧装置

张紧方法		定期张紧	自动张紧
简图及应用	改变轴间距	1 2 3 1.电动机 2.滑槽 3.调整螺钉 a) 用于水平或接近水平的传动	b) 用于小功率传动

续表 2-4

张紧方法		定　期　张　紧	自　动　张　紧
简图及应用	使用张紧轮	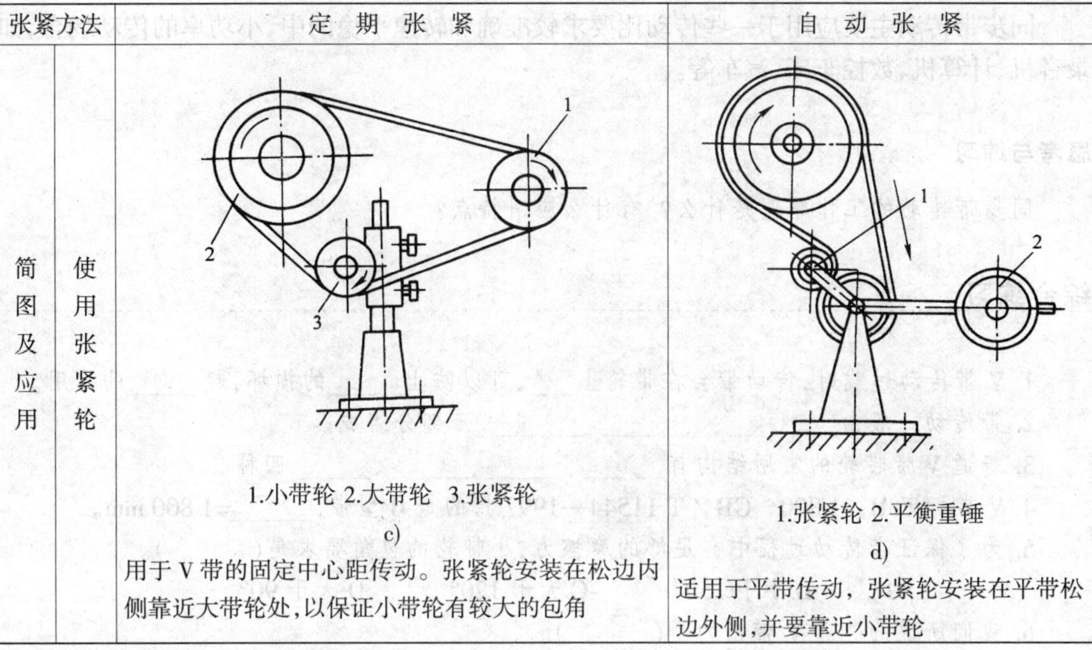 1.小带轮 2.大带轮　3.张紧轮 c) 用于V带的固定中心距传动。张紧轮安装在松边内侧靠近大带轮处,以保证小带轮有较大的包角	1.张紧轮 2.平衡重锤 d) 适用于平带传动，张紧轮安装在平带松边外侧,并要靠近小带轮

思考与练习

1. V带传动中,见表2–4c)所示,当采用张紧轮张紧带时,为什么要将张紧轮置于松边内且靠近大带轮的地方?

2. 为什么在V带传动中一根带出现问题,需要一组带全部更换?

课题三　同步带传动简介

一、同步带的工作原理和传动特点

同步带又称齿形带,它是利用带轮与带之间的啮合来传递运动和动力的,兼容并包了带传动和齿轮传动的特点,如图2–14所示。同步带传动时带与带轮之间没有相对滑动,所以传动比较准确且较大(12~20),传动效率较高(可达到0.98),允许最高带速可达50 m/s,但制造成本高,安装时对中心距的要求严格。

图2–14　同步带传动

二、同步带传动的应用

同步带传动主要应用于一些传动比要求较准确和转速平稳的中、小功率的传动场合，如录音机、计算机、数控车床、汽车等。

思考与练习

同步带传动的工作原理是什么？有什么应用特点？

综合练习

1. V 带传动过载时，传动带会在带轮上___，可以防止_____的损坏，起_____的作用。
2. 带传动一般由________、________、________三部分组成。
3. 普通 V 带带轮的常用结构有______、______、______、______四种。
4. V 带标记 B 1 800 GB / T 11544—1997 指的是 B 型带，______=1 800 mm。
5. 为了保证带传动过程中有足够的摩擦力，小带轮的包角要求是(　　)。
   A.大于 150°　　B.小于 150°　　C.大于 120°　　D.大于 90°
6. 我们所说的普通 V 带指的是(　　)。
   A.楔角 φ 为 40°、h/b_P 为 1　　B.楔角 φ 为 40°、h/b_P 为 0.7
   C.楔角 φ 为 60°、h/b_P 为 0.7　　D.楔角 φ 为 60°、h/b_P 为 1
7. (　　)带轮结构的基准直径较大。
   A.实心式　　B.腹板式　　C.孔板式　　D.轮辐式
8. V 带传动中，一般情况张紧轮应该放置在(　　)内侧，且靠近(　　)处。
   A.松边，小带轮　B.松边，大带轮　　C.紧边，小带轮　　D.紧边，大带轮
9. V 带的横截面为三角形。(对 错)
10. 在相同的条件下，V 带的横截面尺寸越大，则传递的功率越大。(对 错)
11. V 带传动的传动比比平带传动的传动比准确。(对 错)
12. 由于带传动过程中存在着打滑现象，所以在过载时可以保护设备。(对 错)
13. V 带传动中，带有三个摩擦表面。(对 错)
14. 带传动的工作原理是怎样的，影响工作效率的因素有哪些？
15. 带传动的特点是什么？
16. 带传动的使用和维护要点是什么？
17. 选择 V 带带轮的参数是什么，怎么选择？
18. 比较同步带和 V 带，说出其相同点与不同点。

模块三　链转动

课题一　链传动概述

一、链传动及其传动比

自行车的传动系统主要由两个链轮和一根链条组成，如图 3–1 所示。这种由具有一定齿形的链轮和链条组成的啮合传动形式，称为链传动。

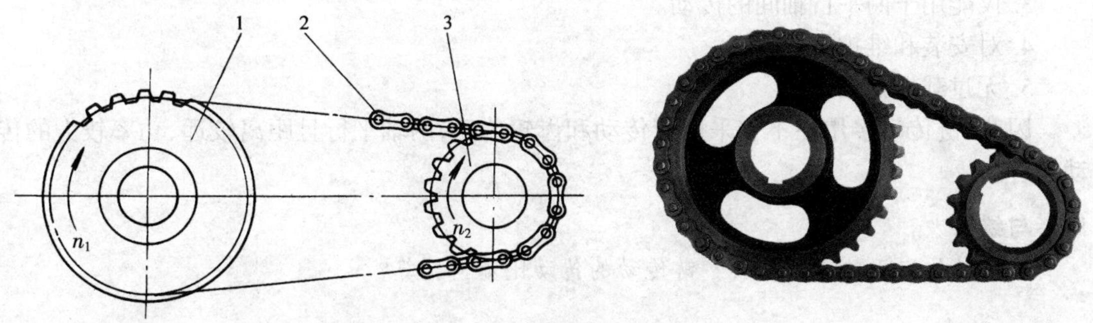

1.主动链轮　2.链条　3.从动链轮

图 3–1 链传动

二、链传动的传动比

自行车前后链轮的齿数不同，转速也不同，但在单位时间内主动链轮转过的齿数 z_1n_1 与从动链轮转过的齿数 z_2n_2 是相等的。因此，链传动的传动比为：

$$i=\frac{n_1}{n_2}=\frac{z_2}{z_1}$$

式中　z_1——主动链轮齿数；

z_2——从动链轮齿数；

n_1——主动链轮转速,r/min;

n_2——从动链轮转速,r/min。

即链传动的传动比等于主动链轮与从动链轮转速之比,也等于其齿数的反比。

三、链传动的应用特点

链传动的传动比一般为 $i\leqslant 8$,低速传动时 i 可达 10;两轴中心距 $a\leqslant 6$m,最大中心距可达 15 m;链条速度 $v\leqslant 15$ m/s,高速时可达 20~40 m/s;传动功率为 $P\leqslant 100$ kW。与带传动相比,链传动具有以下特点:

优点。

1. 无弹性滑动和打滑现象,平均传动比准确。
2. 传动功率大,承载能力强。
3. 传动效率高,一般可达 0.95~0.98。
4. 适用于两轴中心距较大的场合。
5. 能在高温、油污、低速、潮湿、多尘和重载等恶劣环境中工作。
6. 作用在轴和轴承上的力较小。

缺点。

1. 由于链节的多边形运动,所以瞬时链速不是常数,瞬时传动比是变化的,传动中会产生一定的振动、冲击、动载荷和噪声,传动的平稳性较差,不宜用于精密传动。
2. 链条磨损后,使链条的节距变大,传动中链条容易脱落。
3. 仅能用于两平行轴间的传动。
4. 对安装和维护要求较高。
5. 无过载保护作用。

因此,链传动多用在不宜采用带传动和齿轮传动,两轴平行且距离较远、功率较大的传动场合。

思考与练习

链传动的应用特点是什么?链传动的传动比如何计算?

课题二 链传动类型

按用途不同,链可分为传动链、输送链和曳引起重链三类。传动链主要用于一般机械中传递运动和动力,也可用于输送等场合;输送链主要用于输送工件、物品和材料,可直接用于各种机械上;曳引起重链主要用于传递力,起牵引、悬挂物体的作用,兼做缓慢运动。

本课题只介绍传动链。

传动链的种类繁多,最常用的是滚子链和齿形链。

一、滚子链(套筒滚子链):

1. 滚子链的结构。

如图 3-2 所示，滚子链由内链板、外链板、销轴、套筒和滚子五部分组成。

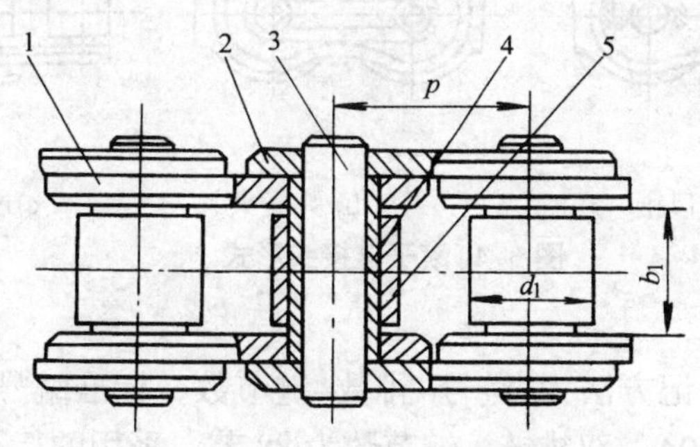

1.内链板　2.外链板　3.销轴　4.套筒　5.滚子

图 3-2 滚子链的结构

其中，销轴与外链板、套筒与内链板分别采用过盈配合固定；销轴与套筒、滚子与套筒之间则为间隙配合，保证链节屈伸时，内链板与外链板之间能相对转动。套筒、滚子、销轴之间也可以自由转动。滚子装在套筒上，可以自由转动。当链条与链轮啮合时，滚子与链轮轮齿相对滚动，两者之间主要是滚动摩擦，从而减少了链条和链轮轮齿的磨损。

2. 滚子链的主要参数：

（1）节距　滚子链链条相邻两销轴中心线之间的距离是节距，用符号 p 表示，如图 3-2 所示。节距是链的主要参数，链的节距越大，承载能力越强，但链各零件的结构尺寸也会增大，所传递的功率也越大，传动中的振动、冲击和噪声也越严重。因此，应尽可能选用小节距的链，高速、功率大时可选用小节距的双排链或多排链。

滚子链的承载能力和排数成正比，但排数越多，各排受力越不均匀，所以排数不宜过多，常用双排链或三排链（图 3-3），四排以上链很少用。

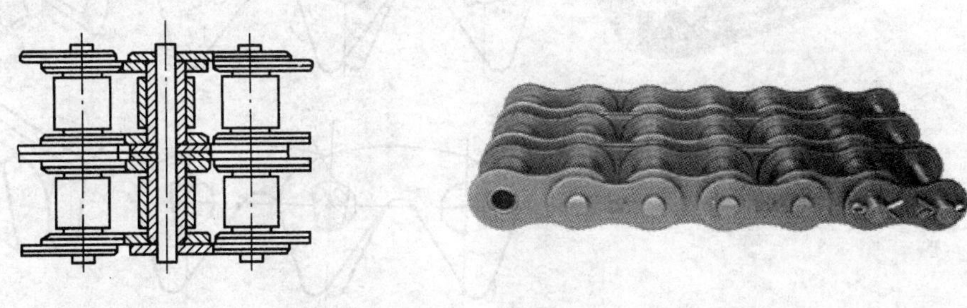

a)双排链　　b)三排链

图 3-3 双排、三排滚子链

（2）节数　滚子链的长度用节数来表示。为了使链条的两端便于连接，节数应尽量选取偶数，以便连接时正好使内链板和外链板相接。连接头处可用开口销如图 3-4a)或弹簧夹如图 3-4b)锁定。当链节数为奇数时，链接头需采用过渡链节如图 3-4c)。过渡链节不仅制造复杂，而且抗拉强度低，因此尽量不采用。

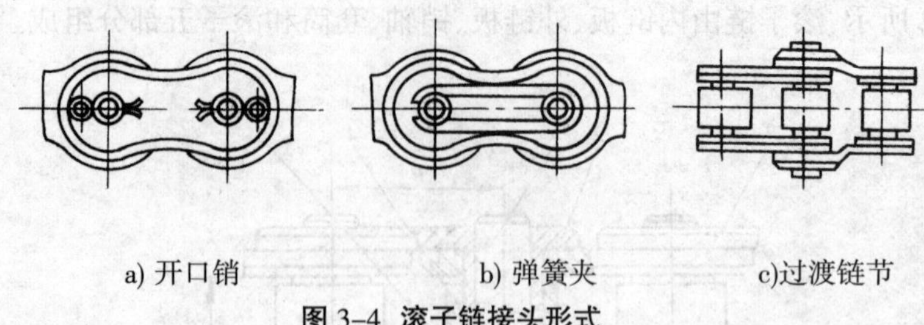
a) 开口销　　b) 弹簧夹　　c)过渡链节

图 3–4　滚子链接头形式

3. 滚子链的标记。

滚子链是标准件,其标记方法为:链号–排数–链节数　标准编号,如 10A–2–88　GB/T 1243—1997，表示链号为 10A，双排链，链节数为 88 节，采用的标准编号为 GB/T 1243—1997。

二、齿形链简介

齿形链又称无声链,它由一组带有齿的内、外链板左右交错排列,用铰链连接而成,如图 3–5 所示。和滚子链相比,其传动平稳性好、传动速度快、噪声较小、承受冲击性能较好,但结构复杂、装拆困难、质量较大、易磨损、成本较高。

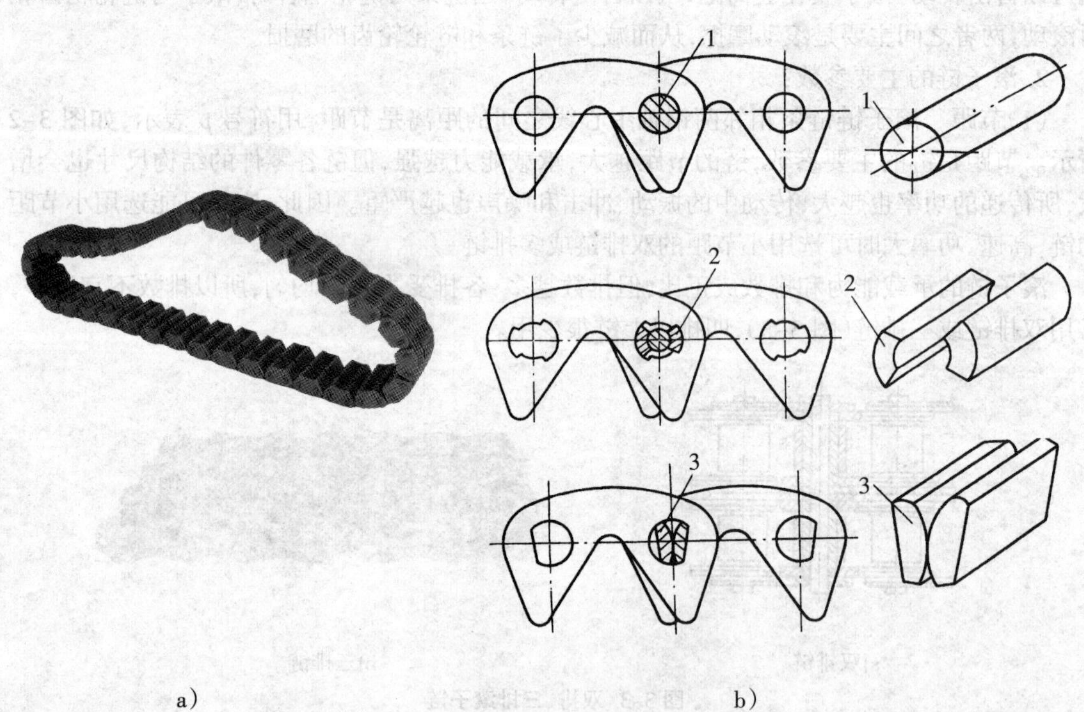

1.销轴　2.轴瓦　3.棱柱销

图 3–5　齿形链

三、链传动的润滑

为提高链传动的传动质量和使用寿命,链传动须进行润滑,尤其是高速、重载的链传动更为必要。润滑不当或速度过高时将加速链条的磨损,甚至导致胶合。润滑方式有油杯滴油润滑、油浴或飞溅润滑、压力循环润滑。润滑油可选 30 号(5~25℃时)、40 号(>25~35℃时)、50 号(>35~45℃时)、60 号(>45~55℃时)、70 号(>55~65℃时)机械油。

思考与练习

1. 按用途不同,链可分为哪几种?
2. 滚子链由哪几部分构成的?滚子链如何进行标记?
3. 链传动的润滑形式有哪些?

综合练习

1. 链传动由主动链轮、______、______组成,通过链轮轮齿与______的啮合来传递运动和动力。

2. 链传动按其用途不同,链可以分为______、______和______三类。

3. 滚子链是标准件,其标记由______、______、______和______四部分组成。

4. 套筒滚子链常用的接头形式有______、______、______等。

5. 滚子链的主要参数有______和______。其中______是链传动的基本参数。多排链的排数一般不超过______。

6. 齿形链的优点是______、______、______、______,故允许在较高的速度下工作;缺点是______、______、______、______和成本较高,对安装和维护的要求较高。

7. 链传动的润滑方式有______、______和______。

8. 链节数表示的是滚子链的______。链条在连接时,其链节数最好选取(　　)。(偶数　奇数)

9. 链传动中,当要求传动速度高且噪声小时,宜选用(　　)。(滚子链　齿形链)

10. 套筒与内链板之间采用的是(　　)。(间隙配合　过盈配合)

11. 在一链传动中,主动轮的齿数 $z_1=21$,从动轮的齿数 $z_2=63$,试求传动比 i。

12. 试解释滚子链 08A-2-90　GB/T 1243—1997 的含义。

模块四 螺旋传动

螺旋传动是利用螺旋副来传递运动或动力的一种机械运动，可方便地把主动件的回转(旋转)运动变为从动件的直线运动。螺旋传动在机床的进给机构、起重设备、测量仪器、工具、夹具中有广泛应用，如图 4-1、图 4-2 所示。

本模块我们重点学习螺旋传动的基本知识。

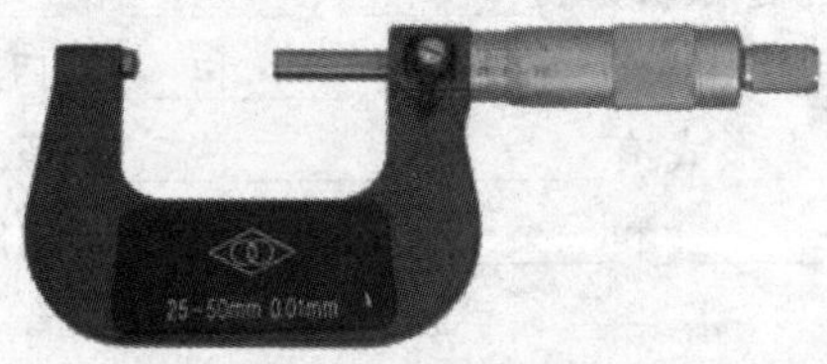

图 4-1 千分尺

图 4-2 车床

课题一 螺纹的分类和应用

螺纹有多种类型，除了可以实现传动外，也可对零件进行紧固连接。螺纹常见的分类方法和应用有：

一、按螺纹牙型分类

螺纹牙型指通过轴线断面上的螺纹轮廓形状。根据牙型不同，螺纹可分为三角形螺纹、矩形螺纹、梯形螺纹、锯齿形螺纹等。

1. 三角形螺纹(普通螺纹)如图 4-3 所示：牙型为三角形，一般分为粗牙螺纹和细牙螺纹两种，广泛应用于各种紧固连接。粗牙螺纹应用最广，细牙螺纹适用于薄壁零件等的连接和微调机构的调整。

图 4-3 三角形螺纹

2. 矩形螺纹如图 4-4 所示：牙型为矩形，传动效率高，用于螺旋传动。但牙根强度低，精加工困难，矩形螺纹未被标准化，现已逐渐被梯形螺纹代替。

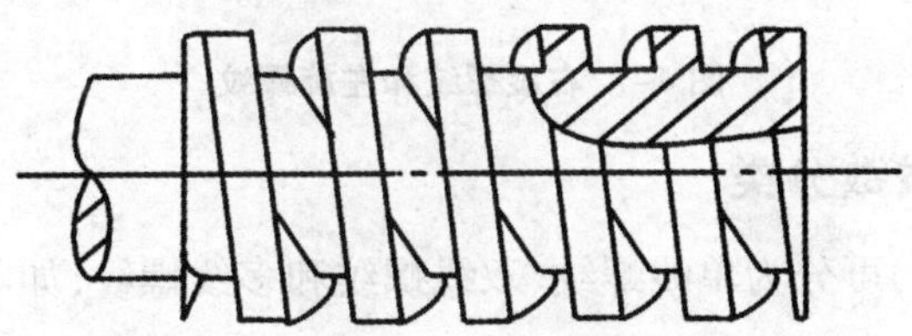

图 4-4 矩形螺纹

3. 梯形螺纹如图 4-5 所示：牙型为梯形，牙根强度较高，易加工。广泛用于机床设备的螺旋传动中。

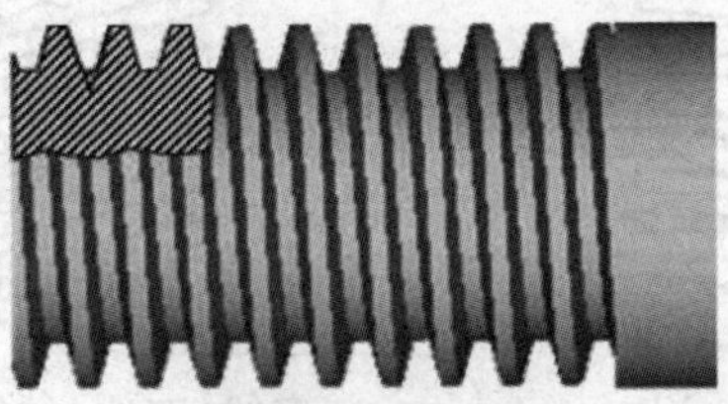

图 4-5 梯形螺纹

4. 锯齿形螺纹如图 4-6 所示：牙型为锯齿形，牙根强度较高，用于单向螺旋传动中。多用于起重机械或压力机械。

图4-6 锯齿形螺纹

二、按螺旋线方向分类

按螺旋线的绕行方向不同，螺纹可分为左旋螺纹和右旋螺纹，其旋向判定方法如图 4–7 所示。

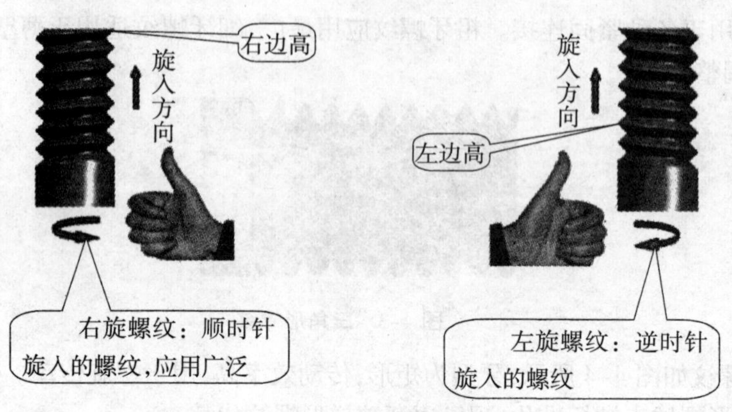

图 4–7 右旋螺纹和左旋螺纹

三、按螺旋线的线数分类

按螺旋的线数（头数）可分为单线螺纹、双线螺纹和多线螺纹，如图 4–8 所示。

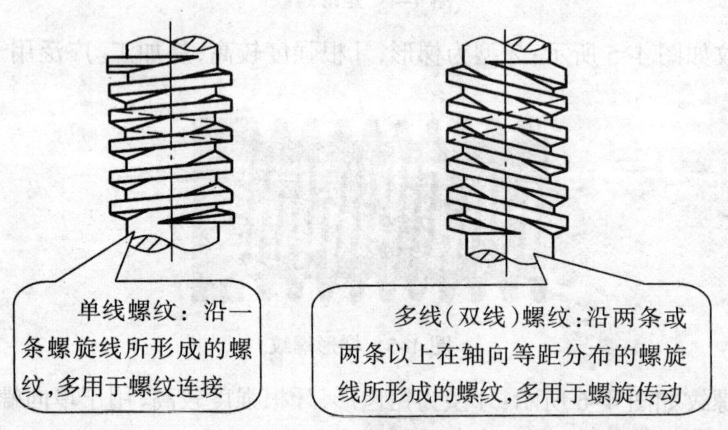

图 4–8 单线螺纹和双线螺纹

四、按螺旋线形成的表面分类

按螺旋线形成的表面不同，分为内螺纹和外螺纹，如图 4–9 所示。

a)内螺纹

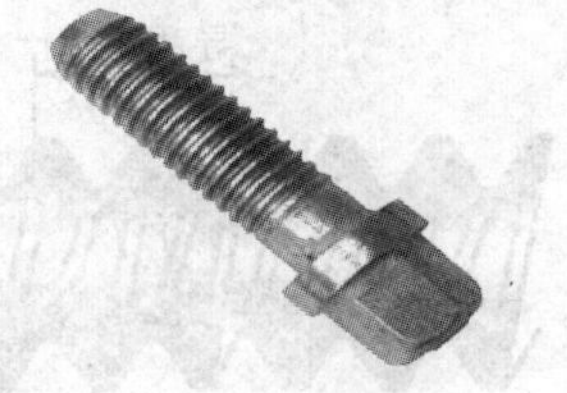
b)外螺纹

图4-9 内螺纹和外螺纹

思考与练习:

1. 仔细观察你所见到的螺纹,并比较它们的异同。
2. 按螺旋线的线数分类,______螺纹广泛用于连接,______螺纹广泛用于传动。
3. 根据螺纹牙型不同,螺纹可分为________、________、________和锯齿形螺纹等。
4. 按螺旋线形成的表面把螺纹分为________和________。
5. 螺旋传动由______和______组成,主要用来将______运动变换为______运动,同时传递______和______。
6. 细牙螺纹主要用于______零件的连接和______机构的调整。

课题二 普通螺纹的主要参数

本课题以普通螺纹为例,通过图 4-10、图 4-11 说明螺纹的主要参数,见表 4-1 所示。

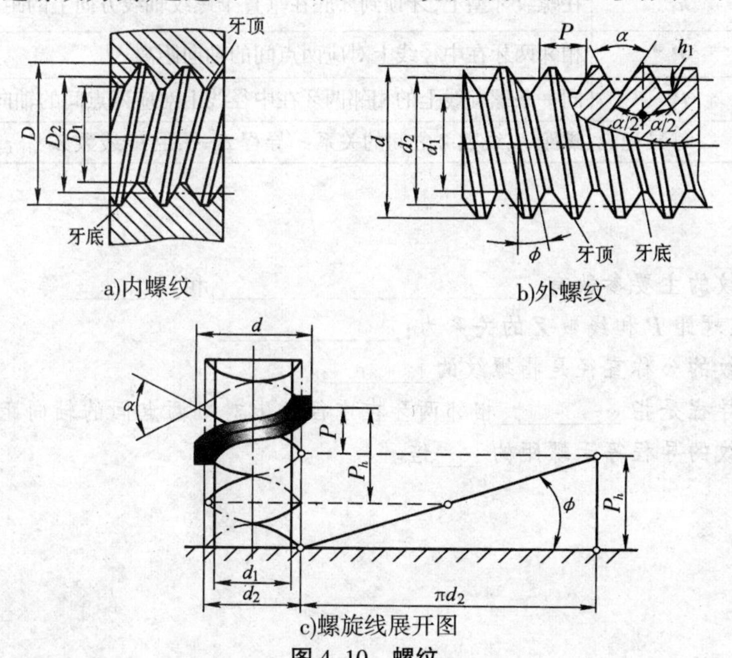

图 4-10 螺纹

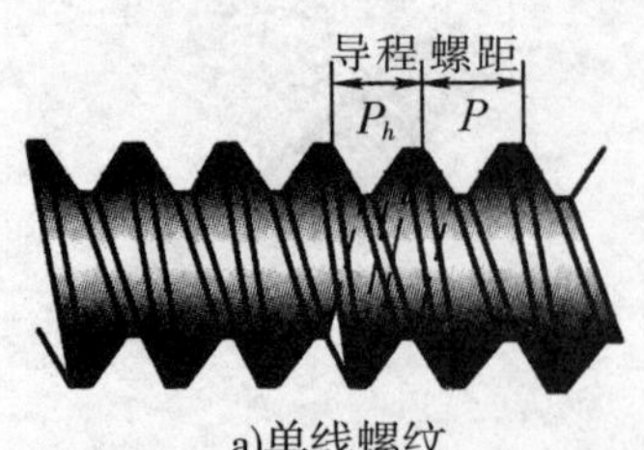

a)单线螺纹

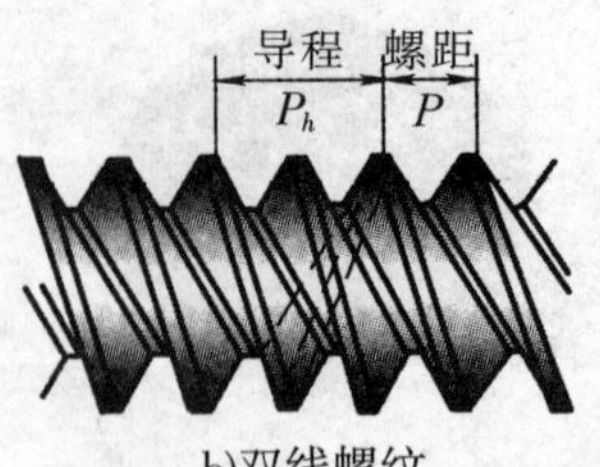

b)双线螺纹

图 4–11 单线螺纹和双线螺纹

表 4–1 普通螺纹的主要参数

主要参数	代号		定义
	内螺纹	外螺纹	
螺纹大径（公称直径）	D	d	与外螺纹的牙顶或内螺纹的牙底相重合的假想圆柱面直径，一般定为螺纹公称直径
螺纹中径	D_2	d_2	指一个假想圆柱面的直径，该圆柱的母线通过牙型上沟槽和凸起宽度相等的地方
螺纹小径	D_1	d_1	与外螺纹的牙底或内螺纹的牙顶相重合的假想圆柱面直径
螺纹升角	ϕ		在中径圆柱上，螺旋线的切线与垂直于螺纹轴线的平面之间的夹角
牙型角	α		在螺纹牙型上，轴向截面内螺纹牙型相邻两侧边的夹角 α 称为牙型角。牙型侧边与螺纹轴线的垂线间的夹角 β 称为牙型半角，对于对称牙型 $\beta=\alpha/2$。
牙型高度	h_1		在螺纹牙型上，牙顶到牙底在垂直于螺纹轴线方向上的距离
螺距	P		相邻两牙在中径线上对应两点间的轴向距离
导程	P_h		同一条螺旋线上的相邻两牙在中径线上对应两点间的轴向距离
导程 P_h、螺距 P、线数 Z 之间的关系：导程 P_h=螺距 P×线数 Z			

思考与练习

1. 普通螺纹的主要参数有________、________、________和__________等。
2. 导程 P_h、螺距 P 和线数 Z 的关系为：______________。
3. 普通螺纹的公称直径是指螺纹的__________。
4. 螺纹的导程是指__________相邻两牙在中径线上对应两点间的轴向距离。
5. 双线螺纹的导程等于螺距的____倍。

课题三 螺纹的代号标注

常用螺纹的代号标注见表 4–2、表 4–3 和表 4–4。

表 4–2 普通螺纹的代号标注

螺纹类别		特征代号	螺纹标注示例	内、外螺纹配合标注示例
普通螺纹	粗牙	M	M20LH–7g–L M:粗牙普通螺纹 20:公称直径 LH:左旋 7g:外螺纹中径和顶径公差带代号 L:长旋合长度	M20LH–6H/7g 6H:内螺纹中径和顶径公差带代号 7g:外螺纹中径和顶径公差带代号
	细牙		M20×2–7H8H M:细牙普通螺纹 20:公称直径 2:螺距 7H:内螺纹中径公差带代号 8H:内螺纹顶径公差带代号	M20×2LH–6H/7g8g LH:左旋 6H: 内螺纹中径和顶径公差带代号 7g: 外螺纹中径公差带代号 8g: 外螺纹顶径公差带代号

说明:

1. 普通螺纹同一公称直径可以有多种螺距,其中螺距最大的为粗牙螺纹,其余的为细牙螺纹。细牙螺纹的每一个公称直径对应着数个螺距,因此必须标出螺距值,而粗牙螺纹不标螺距值。

2. 右旋螺纹不标注旋向代号,左旋螺纹用 LH 表示。

3. 公差带代号中,前者为中径公差带代号,后者为顶径公差带代号,两者一致时,则只标注一个公差带代号。内螺纹用大写字母,外螺纹用小写字母。

4. 内、外螺纹配合的公差带代号中,前者为内螺纹公差带代号,后者为外螺纹公差带代号,中间用“/”分开。

5. 旋合长度:指互相配合的内、外螺纹沿螺纹轴线方向可以旋合在一起部分的长度。旋合长度有长旋合长度 L、中等旋合长度 N 和短旋合长度 S 三种,中等旋合长度 N 不标注。旋合长度的具体数值可根据公称直径和螺距在有关标准中查到。

表 4-3 梯形螺纹的代号标注

螺纹类别	特征代号	螺纹标注示例	内、外螺纹配合标注示例
梯形螺纹	Tr	Tr40×14(P7)LH-7H Tr:梯形螺纹 40:公称直径 14:导程 P7:螺距 LH:左旋 7H:内螺纹中径公差带代号	Tr40×6LH-7H/7e 7H:内螺纹公差带代号 7e:外螺纹公差带代号

说明:

1. 单线螺纹只标注螺距,多线螺纹同时标注螺距和导程。

2. 右旋螺纹不标注旋向代号,左旋螺纹用 LH 表示。

3. 公差带代号中,螺纹标注中径公差带代号。内螺纹用大写字母,外螺纹用小写字母。

4. 内、外螺纹配合的公差带代号中,前者为内螺纹公差带代号,后者为外螺纹公差带代号,中间用"/"分开。

5. 旋合长度有长旋合长度 L、中等旋合长度 N 两种,中等旋合长度 N 不标注。旋合长度的具体数值可根据公称直径和螺距在有关标准中查到。

表 4-4 管螺纹的代号标注

螺纹类别		特征代号	螺纹标注示例	内、外螺纹配合标注示例
管螺纹	非螺纹密封	G	G1A-LH G:非螺纹密封管螺纹 1:尺寸代号 A:外螺纹公差等级代号 LH:左旋	G1/G1A-LH
	螺纹密封	R_c	R_c2 R_c:圆锥内螺纹 2:尺寸代号	R_c2/R2-LH R_p2/R2
		R_p	R_p2 R_p:圆柱内螺纹 2:尺寸代号	
		R	R2-LH R:圆锥外螺纹 2:尺寸代号 LH:左旋	

说明:

1. 管螺纹尺寸代号不再称作公称直径,也不是螺纹本身的任何直径尺寸,只是一个无单位的代号。

2. 管螺纹为英制细牙螺纹,其公称直径近似为管子的内孔直径,以英寸为单位。管螺纹的内孔直径可根据尺寸代号在有关标准中查到。

3. 非螺纹密封管螺纹的外螺纹的公差等级有 A、B 两级,A 级精度较高;内螺纹的公差等级只有一个,故无公差等级代号。

4. 右旋螺纹不标注旋向代号,左旋螺纹用 LH 表示。

5. 内、外螺纹配合在一起时,内、外螺纹的标注用"/"分开,前者为内螺纹的标注,后者为外螺纹的标注。

思考与练习

1. 管螺纹主要用于________连接，其密封状态可分为________管螺纹和________管螺纹。

2. 管螺纹为英制细牙螺纹，其公称直径近似为________。

3. 所有管螺纹本身都有密封性。（对　错）

4. 解释螺纹代号 Tr24×14(P7)LH–7e 的含义。

5. 解释螺纹代号 M14×1–7H8H 的含义。

6. 解释螺纹代号 G2B–LH 的含义。

7. 解释螺纹代号 R_c1/R1 的含义。

课题四　螺旋传动的应用形式简介

螺旋传动具有结构简单，工作连续、平稳，承载能力强，传动精度高的优点，广泛应用于各种机器和仪表中。常用的螺旋传动有普通螺旋传动、差动螺旋传动和滚珠螺旋传动等。

一、普通螺旋传动

由螺杆和螺母组成的简单螺旋副实现的传动称为普通螺旋传动。

1. 普通螺旋传动的应用形式见表 4–5。

表 4–5　普通螺旋传动的应用形式

应用形式	应用实例	工作过程
螺母固定不动，螺杆回转并做直线运动	活动钳口、固定钳口、螺杆、螺母 台虎钳	当螺杆按图示方向相对螺母做回转运动时，螺杆连同活动钳口向右做直线运动，与固定钳口实现对工件的夹紧；当螺杆反向回转时，活动钳口随螺杆左移，松开工件
螺杆固定不动，螺母回转并做直线运动	托盘、螺母、手柄、螺杆 螺纹千斤顶	螺杆连接于底座上固定不动，转动手柄使螺母回转，并做上升或下降的直线移动，从而举起或放下托盘

续表 4-5

应用形式	应用实例	工作过程
螺杆回转，螺母做直线运动	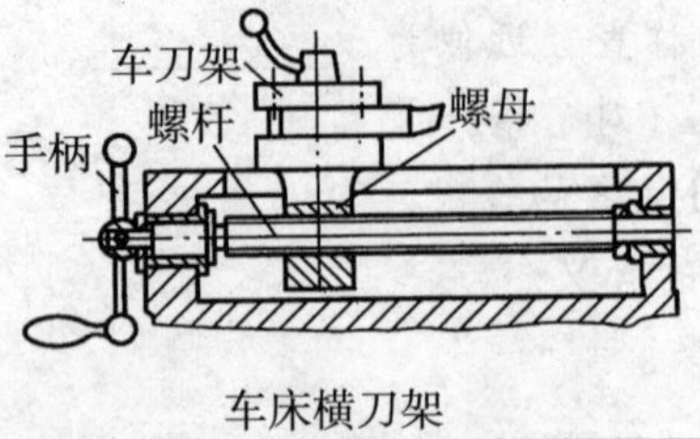 车刀架 螺杆 螺母 手柄 车床横刀架	转动手柄时，与手柄固定在一起的螺杆（丝杠）使螺母带动车刀架做横向往复运动，从而在切削工件时实现进刀和退刀
螺母回转，螺杆做直线运动	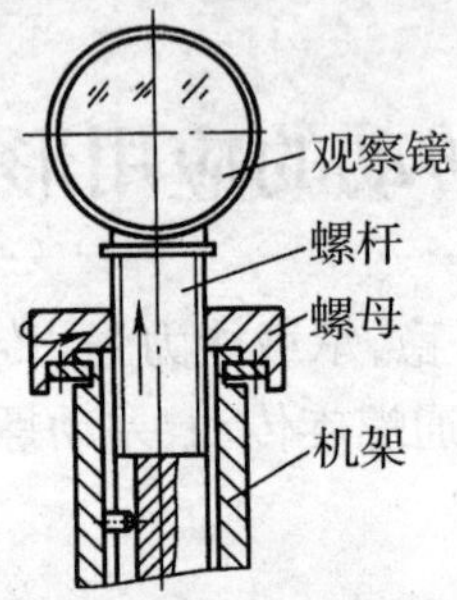 观察镜 螺杆 螺母 机架 观察镜螺旋调整装置	螺杆和螺母为左旋螺纹，当螺母按左图所示方向做回转运动时，螺杆带动观察镜向上移动；螺母反向回转时，螺杆连同观察镜向下移动，从而实现对观察镜的上下调整

2. 普通螺旋传动直线移动方向的判定。

普通螺旋传动时，从动件做直线运动的方向不仅与螺纹的回转方向有关，还与螺纹的旋向有关，判定方法见表 4-6。

表 4-6 普通螺旋传动的螺杆（螺母）移动方向的判定

应用形式	应用实例	工作过程
螺母(螺杆)不动，螺杆（螺母）回转并移动	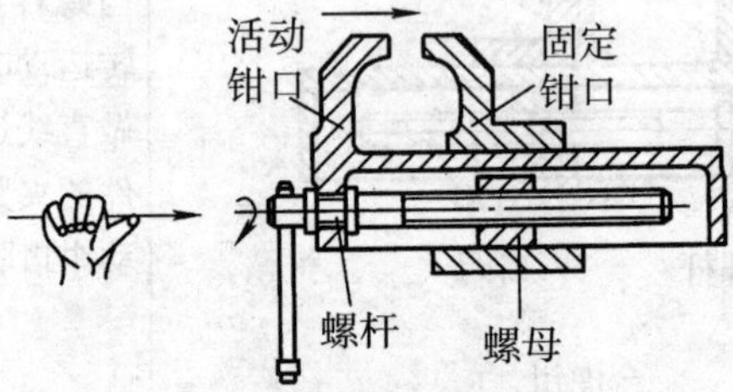 活动钳口 固定钳口 螺杆 螺母 台虎钳	右旋螺纹用右手，左旋螺纹用左手。判定时手握空拳，四指指向与螺杆（螺母）回转方向相同，大拇指竖直，大拇指指向即为主动件螺杆（螺母）的移动方向
螺杆（螺母）回转，螺母（螺杆）移动	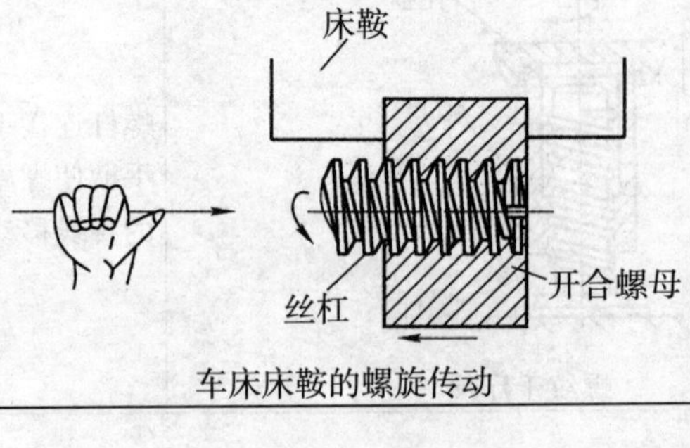 床鞍 丝杠 开合螺母 车床床鞍的螺旋传动	右旋螺纹用右手，左旋螺纹用左手。判定时手握空拳，四指指向与主动件螺杆（螺母）回转方向相同，大拇指竖直，大拇指指向的相反方向即为从动件螺母（螺杆）的移动方向

3. 普通螺旋传动直线移动距离的计算。

普通螺旋传动中,螺杆(螺母)相对于螺母(螺杆)每回转一周,螺杆(螺母)就移动一个导程的距离。因此,螺杆(螺母)移动距离 L 等于回转周数 N 与导程 P_h 的乘积,即:

$$L=N\times P_h$$

式中 L——螺杆(螺母)移动距离,mm;

N——回转周数,r;

P_h——螺纹导程,mm。

例 1 如图 4–12 所示,普通螺旋传动中,已知左旋单线螺杆的螺距为 4 mm,若螺杆按图示方向回转 3 周,螺母移动了多少距离?移动方向如何?

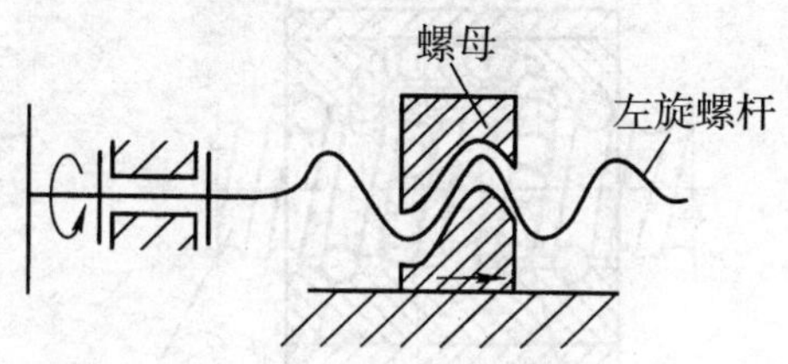

图 4–12 普通螺旋传动

解:根据公式:

$$L=N\times P_h$$

$$P_h=P\times Z \text{ 得}$$

$$L= N\times P_h=N\times P\times Z=3\times 4\times 1=12 \text{ mm}$$

螺母移动方向按表 4–6 所示方法判定:左旋螺纹用左手判定,四指指向与螺杆回转方向相同,大拇指指向的相反方向即为螺母的移动方向。

螺母移动方向如图 4–12 所示。

二、差动螺旋传动简介

由两个螺旋副组成,使活动的螺母与螺杆产生差动(即不一致)的螺旋传动称为差动螺旋传动,如图 4–13 所示。

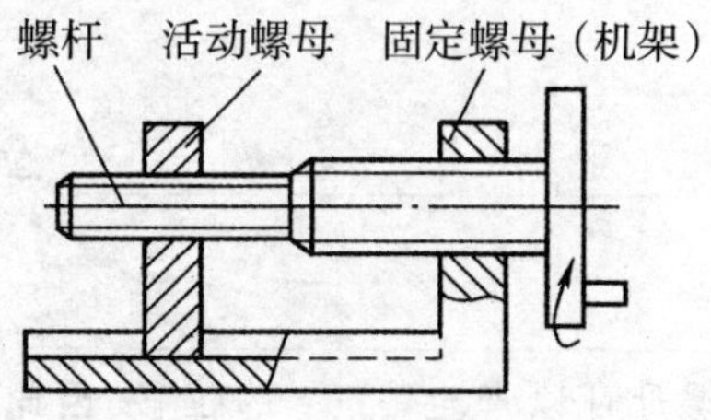

图 4–13 差动螺旋传动

设固定螺母和活动螺母的旋向同为右旋,当如图 4–13 所示回转螺杆时,螺杆相对固定螺母向左移动,而活动螺母相对螺杆向右移动,这样活动螺母相对机架实现差动移动,螺杆每转一圈，活动螺母实际移动距离为两段螺纹导程之差。如果固定螺母的螺纹旋向仍为右旋，活动螺母的螺纹为左旋，回转螺杆时，螺杆相对固定螺母左移，活动螺母相对螺杆也左移，螺杆每转一周，活动螺母实际移动距离为两段螺纹的导程之和。

三、滚珠螺旋传动简介

滚珠螺旋传动主要由滚珠、螺杆、螺母及滚珠循环装置组成，如图 4–14 所示。当螺杆或螺母转动时，滚动体在螺杆和螺母间的螺纹滚道内滚动，使螺杆和螺母间为滚动摩擦，从而提高了传动效率和传动精度。

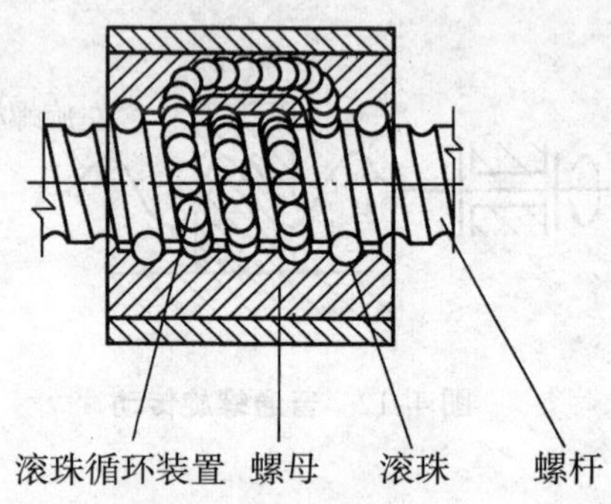

图 4–14 滚珠螺旋传动

滚珠螺旋传动的优点是滚动摩擦阻力小，摩擦损失小，传动效率高，传动时运动稳定，动作灵敏，无自锁性等。其缺点是结构复杂，外形尺寸较大，制造技术要求高，因而成本也高。目前主要应用于精密传动的数控机床（滚珠丝杠传动）、自动控制装置、升降机构（飞机机翼和起落架的控制，水闸升降）、精密测量仪器、车辆转向机构等对传动精度要求较高的场合。

思考与练习

常用的螺旋传动有哪些？各有什么特点？

综合练习

1. 螺旋传动具有________、________、________和________等优点，广泛的应用于各种机械和仪器中。

2. 螺旋传动常用的类型有__________、__________、__________等。

3. 差动螺旋传动中，活动螺母可以产生______的位移，因此可以方便地实现______调节。

4. 滚珠螺旋传动主要由_____、_____、_____和__________组成。

5. ________具有传动效率高、传动精度高、摩擦损失小、寿命长的优点。

6. 普通螺旋传动中，螺杆相对于螺母每回转一周，螺杆就移动一个____的距离。

模块五 齿轮传动

课题一 齿轮传动的类型及应用特点

一、齿轮传动的特点

齿轮传动是利用齿轮副来传递运动和动力的一种机械传动，在现代机械中应用广泛。与其他传动形式相比，具有以下优点：

1. 适用范围广。齿轮传动的圆周速度 v 最高可达 300 m/s，传递功率从几分之一瓦到数万千瓦，齿轮直径从几毫米到几十米。

2. 传动效率高，使用寿命长，维护简单。

3. 结构紧凑，外廓尺寸小。与带传动、链传动相比，在同样的使用条件下，齿轮传动所需的空间较小。

4. 能保证瞬时传动比恒定，工作可靠性高。

齿轮传动的缺点是：

1. 制造和安装精度要求较高，需要专门的机床和刀具。

2. 运转过程中有振动、冲击和噪音。

3. 不适宜于中心距较大的场合。

4. 不能实现无级变速。

二、齿轮传动的常用类型

齿轮传动的常用类型见表 5–1。

表 5-1 齿轮传动的常用类型

分类方法		类型	图例
两轴平行	按轮齿方向	直齿圆柱齿轮传动	
		斜齿圆柱齿轮传动	
		人字齿圆柱齿轮传动	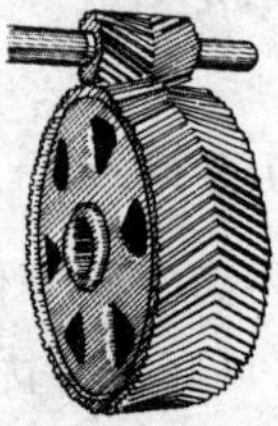
	按啮合情况	外啮合齿轮传动	
		内啮合齿轮传动	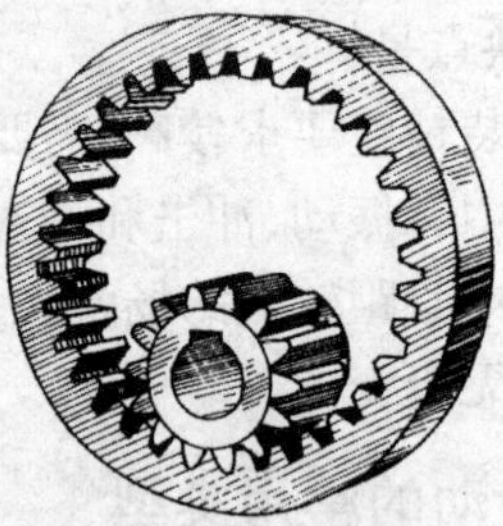
		齿轮齿条传动	

续表 5-1

分类方法		类　型	图　例
两轴不平行	相交轴齿轮传动	锥齿轮传动	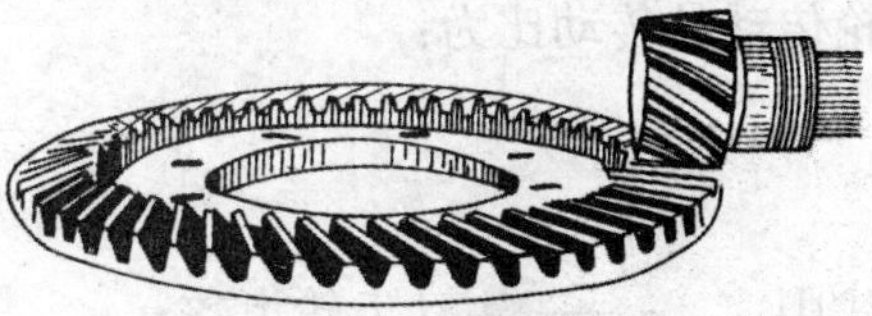
			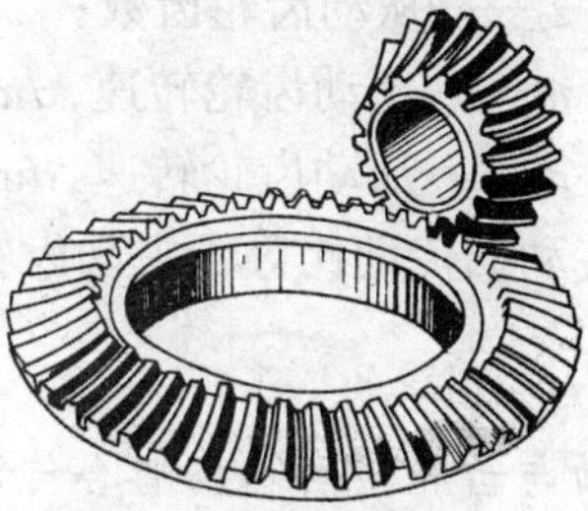
	交错轴齿轮传动	交错轴斜齿轮传动	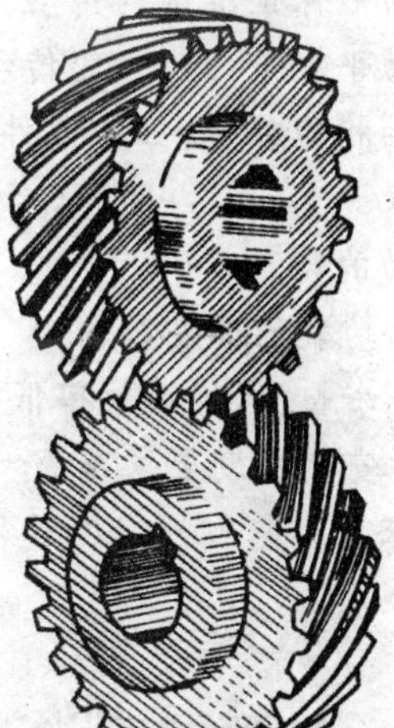
		蜗轮蜗杆传动	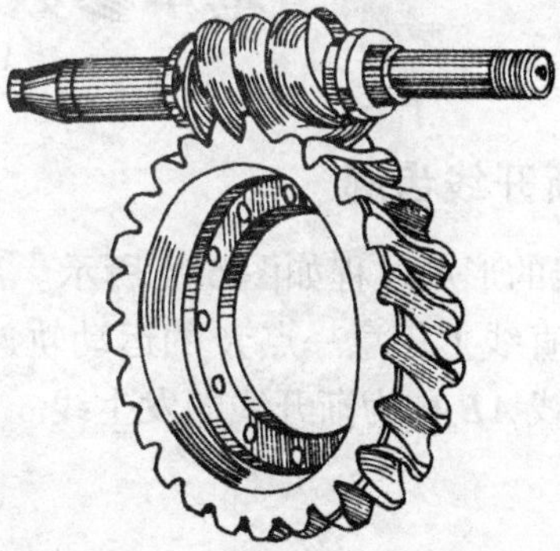

三、齿轮传动的传动比计算

在齿轮传动中，若主动齿轮的齿数为 z_1，从动齿轮齿数为 z_2，主动齿轮每转过一个齿时，从动齿轮也转过一个齿。若主动齿轮转速为 n_1，从动齿轮转速为 n_2，在单位时间内，$z_1n_1=z_2n_2$，得齿轮传动的传动比为：

$$i=\frac{n_1}{n_2}=\frac{z_2}{z_1}$$

式中 z_1——主动齿轮齿数；

z_2——从动齿轮齿数；

n_1——主动齿轮转速，r/min；

n_2——从动齿轮转速，r/min。

即齿轮传动的传动比等于主动齿轮与从动齿轮转速之比，也等于其齿数的反比。

思考与练习

1. 链传动与齿轮传动均属啮合传动，二者的传动效率均高。（对 错）
2. 齿轮传动能保证准确的传动比，传递功率较大。（对 错）
3. 齿轮传动平稳是因为齿轮传动能保证瞬时传动比的恒定。（对 错）
4. 欲在两轴相距较远，工作条件恶劣的环境下传递较大功率，宜选用（ ）。
   A.带传动 B.链传动 C.齿轮传动
5. 齿轮传动的特点是（ ）。
   A.传递的功率和速度范围大
   B.使用寿命长，但传动效率低
   C.制造和安装精度要求不高
6. 观察车床主轴箱或汽车变速器中的齿轮都有哪些类型。

课题二 渐开线标准直齿圆柱齿轮的基本参数和几何尺寸计算

一、渐开线齿廓

渐开线的形成过程如图 5-1 所示。当一条动直线 AB 在半径为 r_b 的固定圆周上做纯滚动时，该动直线上任意一点 K 的运动轨迹 CKD 称为该圆的渐开线，该固定圆称为渐开线的基圆，动直线 AB 称为渐开线的发生线。

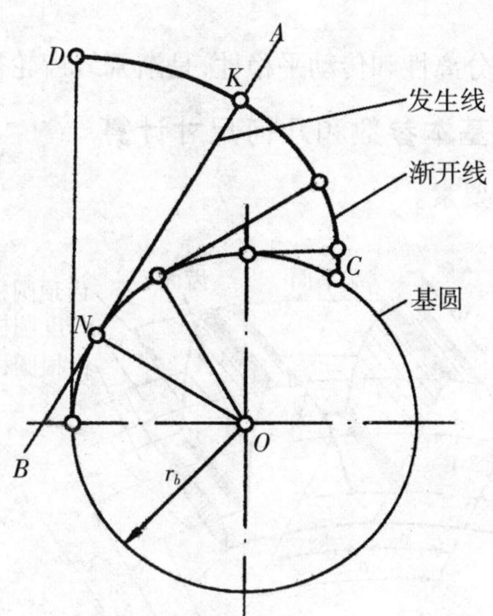

图 5-1 渐开线的形成

以同一个基圆上所产生的两条反向渐开线为齿廓的齿轮就是渐开线齿轮。渐开线的形状取决于基圆大小。在同一基圆上,得到的渐开线形状完全相同。基圆越小,渐开线越弯曲;基圆越大,渐开线越趋平直。渐开线的起始点在基圆上,基圆内无渐开线。当基圆半径趋于无穷大时,渐开线为直线,就形成了齿条的齿廓线。

渐开线上各点的齿形角各不相同,如图 5-2 所示。考虑到综合传动性能和承载能力,我国标准规定渐开线圆柱齿轮分度圆上的齿形角 α=20°。

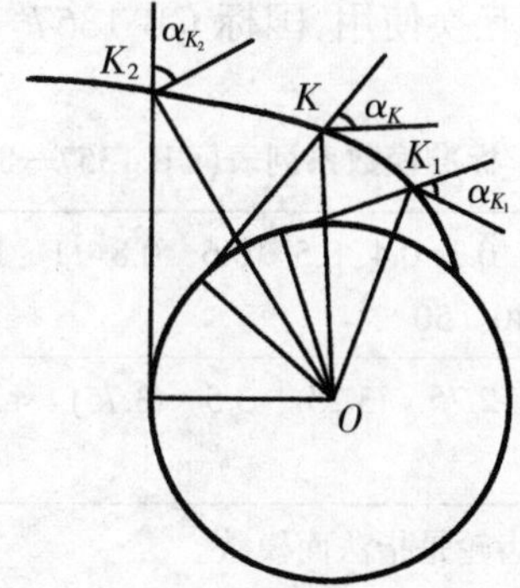

图 5-2 齿廓上的齿形角

采用渐开线齿轮传动,当中心距稍有变化时不会影响其正常传动,这种特性称为传动的可分离性。

渐开线齿轮传动过程中,若忽略齿廓之间的摩擦力,其正压力是沿着接触点的法线方向作用的。由于法线方向不变,因此,当齿轮传递的转矩一定时,轮齿之间压力的大小和方向均不变，传动平稳。

渐开线齿轮的中心距可分离性和传动平稳性，是渐开线齿轮被广泛应用的原因之一。

二、直齿圆柱齿轮的基本参数和几何尺寸计算

1. 直齿圆柱齿轮的几何要素。

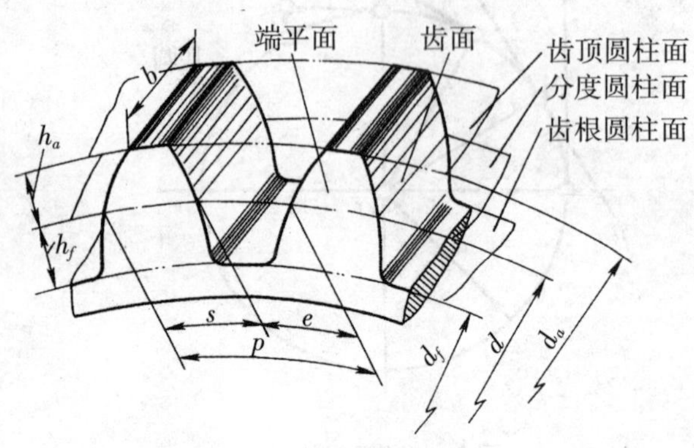

图 5-3 渐开线标准直齿圆柱齿轮各部分名称及代号

如图 5-3 所示为渐开线直齿圆柱齿轮的局部，其几何要素有：端平面、齿面、齿顶圆柱面、分度圆柱面、齿根圆柱面、齿顶圆直径 d_a、齿根圆直径 d_f、分度圆直径 d、齿宽 b、齿距 p、齿厚 s、槽宽 e、齿顶高 h_a、齿根高 h_f 等。

2. 直齿圆柱齿轮的基本参数。

直齿圆柱齿轮的基本参数有：齿数 z、模数 m、齿形角 α、齿顶高系数 h_a^* 和顶隙系数 c^* 五个。基本参数是齿轮各部分几何尺寸计算的依据。其中，模数是齿轮几何尺寸计算中最基本的一个参数。为了便于制造、检验和互换使用，国标 GB 1357—87 规定了标准模数系列，如表 5-2 所示。

表 5-2 标准模数系列表(GB 1357—87)

第一系列	0.1 0.12 0.15 0.2 0.25 0.3 0.4 0.5 0.6 0.8 1 1.25 1.5 2 2.5 3 4 5 6 8 10 12 16 20 25 32 40 50
第二系列	0.35 0.7 0.9 1.75 2.25 2.75 (3.25) 3.5 (3.75) 4.5 5.5 (6.5) 7 9 (11) 14 18 22 28 36 45

注：①本表适用于渐开线齿轮，对斜齿轮是指法面模数。

②优先采用第一系列，括号内的模数尽可能不用。

3. 标准直齿圆柱齿轮几何尺寸的计算。

采用标准模数 m，齿形角 $\alpha=20°$，齿顶高系数 $h_a^*=1$，顶隙系数 $c^*=0.25$，端面齿厚 s 等于端面齿槽宽 e 的渐开线直齿圆柱齿轮称为标准直齿圆柱齿轮，简称标准直齿轮。

标准直齿圆柱齿轮几何要素的名称、代号、定义、计算公式见表 5-3。

表 5-3 标准直齿圆柱齿轮几何要素的名称、代号、定义、计算公式

名称	符号	定　义	计　算　公　式
模数	m	齿距除以圆周率 π 所得的商	$m=p/\pi=d/z$,取标准值
齿形角	α	过端面齿廓上任一点的径向直线与齿廓在该点的切线所夹的锐角	$\alpha=20°$
齿数	z	轮齿总数	由传动比计算确定,一般约为 20
分度圆直径	d	分度圆柱面和分度圆的直径	$d=mz$
齿顶圆直径	d_a	齿顶圆柱面和齿顶圆的直径	$d_a=d+2h_a=(z+2)m$
齿根圆直径	d_f	齿根圆柱面和齿根圆的直径	$d_f=d-2h_f=(z-2.5)m$
基圆直径	d_b	基圆柱面和基圆的直径	$d_b=d\cos\alpha=mz\cos\alpha$
齿顶高	h_a	齿顶圆与分度圆之间的径向距离	$h_a=h_a^*m=m$
齿根高	h_f	齿根圆与分度圆之间的径向距离	$h_f=(h_a^*+c^*)m=1.25m$
全齿高	h	齿顶圆与齿根圆之间的径向距离	$h=h_a+h_f=2.25m$
齿宽	b	齿轮的有齿部位沿分度圆柱面直母线方向度量的宽度	$b=(6\sim10)m$
齿　距	p	两个相邻而同侧的端面齿廓之间的分度圆弧长	$p=\pi m$
齿　厚	s	一个齿的两侧端面齿廓之间的分度圆弧长	$s=\pi m/2=p/2$
齿槽宽	e	一个齿槽的两侧端面齿廓之间的分度圆弧长	$e=\pi m/2=p/2=s$
中心距	a	齿轮副的两轴线之间的最短距离	$a=(d_2+d_1)/2=m(z_2+z_1)/2$

例 1　一标准直齿圆柱齿轮,已知齿数 $z=36$,齿顶圆直径 $d_a=304$ mm。试计算其分度圆直径 d、齿根圆直径 d_f、齿距 p 和齿高 h。

解:根据 $d_a=d+2h_a=(z+2)m$,得

$$m=\frac{d_a}{z+2}=\frac{304}{36+2}=8\ \text{mm}$$

把 m 值代入有关各式,得

$$d=mz=8\times36=288\ \text{mm}$$

$$d_f=(z-2.5)m=(36-2.5)\times8=268\ \text{mm}$$

$$p=\pi m=3.14\times8=25.12\ \text{mm}$$

$$h=2.25\text{m}=2.25\times8=18\ \text{mm}$$

三、直齿圆柱内啮合齿轮简介

如图 5–4 所示为直齿圆柱内啮合齿轮，它有以下特点：

1. 齿顶圆小于分度圆，齿根圆大于分度圆。
2. 内齿轮的齿廓是内凹的，其齿厚和齿槽宽分别对应于外齿轮的齿槽宽和齿厚。
3. 为使内齿轮齿顶的齿廓全部为渐开线，其齿顶圆必须大于基圆。
4. 内啮合齿轮传动两轴平行、结构紧凑、回转方向一致。

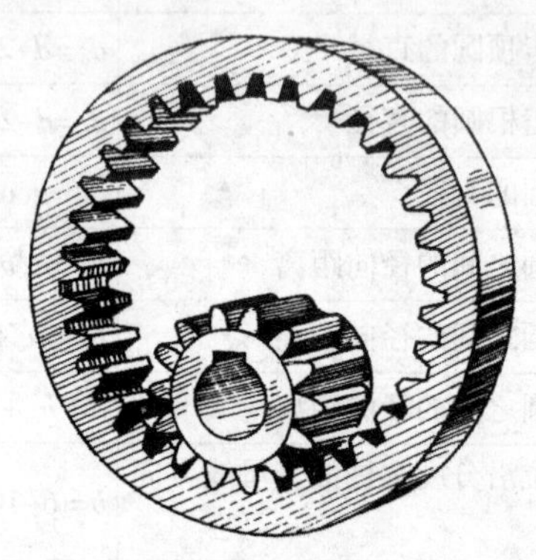

图 5–4 直齿圆柱内啮合齿轮传动

四、直齿圆柱齿轮的正确啮合条件和连续传动条件

1. 正确啮合条件。

一对齿轮能连续顺利的转动，需要各对轮齿依次正确啮合且互不干涉。为保证传动时不出现轮齿卡死或冲击现象，必须使两齿轮的基圆齿距相等。所以，直齿圆柱齿轮的正确啮合条件是：两齿轮的模数相等，$m_1=m_2$；两齿轮分度圆上的齿形角相等，$\alpha_1=\alpha_2$。

2. 连续传动条件。

在齿轮传动中，一对轮齿的啮合只能推动从动轮转过一定的角度，而要使齿轮连续转动，就必须使前一对轮齿尚未脱离啮合时，后一对轮齿就能及时进入啮合。我们用重合度 ε 表示同时啮合的轮齿对数，此时 $\varepsilon=1$。但由于制造、安装的误差影响，实际上必须 $\varepsilon>1$，才能保证传动的连续性，ε 越大，表示同时啮合的齿数越多，传动越平稳。在一般机械制造中常使 $\varepsilon\geqslant1.1\sim1.4$。

思考与练习

1. 渐开线的性质是(　　)。

A.基圆越大，基圆内的渐开线越趋平直

B.渐开线上各点的压力角都等于 20°

C.渐开线上各点的曲率半径相等

D.基圆相同，渐开线形状也相同

2. 形成齿轮渐开线的圆是(　　)。

A.分度圆　　B.齿顶圆　　C.基圆　　D.节圆

3. 模数 m(　　)。

A.等于齿距除以 π 所得到的商,是一个无单位的量

B.是齿轮几何尺寸计算中最基本的一个参数

C.一定时,齿轮的几何尺寸与齿数无关

D.一定时,齿轮的齿距 p 不变,不同齿数的齿轮的基圆半径不变,轮齿的齿形相同

4. 已知下列各标准直齿圆柱齿轮参数:齿轮 1,$z_1=72$,$d_{a1}=222$ mm;齿轮 2,$z_2=78$,$d_{a2}=240$ mm;齿轮 3,$z_3=24$,$d_{a3}=104$ mm;齿轮 4,$m=2$ mm,$d_{a4}=240$ mm。可以正确啮合的一对齿轮是(　　)。

A.齿轮 1 和齿轮 2　　B.齿轮 1 和齿轮 3

C.齿轮 2 和齿轮 4　　D.齿轮 3 和齿轮 4

5. 渐开线直齿圆柱齿轮的连续传动条件是重合度 ε(　　)。

A.>1.1~1.4　　B.<1　　C.>0　　D.<0

6. 一对外啮合的标准直齿圆柱齿轮,中心距 $a=160$ mm,齿轮的齿距 $p=12.56$ mm,传动比 $i=3$,则两齿轮的齿数和为(　　)。

A.60　　B.80　　C.100　　D.120

7.一对相啮合的标准直齿圆柱齿轮($\alpha=20°$,$h_a=1$,$c^*=0.25$),已知:$z_1=21$,$z_2=63$,模数 $m=4$ mm。试计算这对齿轮的分度圆直径 d、齿顶圆直径 d_a、齿根圆直径 d_f、基圆直径 d_b、齿距 p、齿厚 s、槽宽 e、齿顶高 h_a、齿根高 h_f、齿全高 h 和中心距 a。

8. 已知相啮合的一对标准直齿圆柱齿轮,$z_1=20$,$z_2=50$,$a=210$ mm,求两齿轮的分度圆直径 d_1 和 d_2。

9. 已知相啮合的一对标准直齿圆柱齿轮,传动比 $i=3$,中心距 $a=200$ mm,模数 $m=5$ mm,试求两齿轮的齿数 z_1、z_2。

10. 进行技术革新需要一对传动比 $i=3$ 的直齿圆柱齿轮。现从备件库中找到两个齿形角 $\alpha=20°$的直齿圆柱齿轮。经测量,齿数 $z_1=20$,$z_2=60$,齿顶圆直径 $d_{a1}=55$ mm,$d_{a2}=186$ mm。试问这两个齿轮是否能配对使用?为什么?

11. 在技术改造中拟使用两个现成的标准直齿圆柱齿轮。已测得齿数 $z_1=22$,$z_2=98$,小齿轮齿顶圆直径 $d_{a1}=240$ mm,大齿轮的齿全高 $h=22.5$ mm,试判断这两个齿轮能否正确啮合。

课题三　其他齿轮传动简介

在机械传动中,较常见的还有斜齿圆柱齿轮传动、圆锥齿轮传动和齿轮齿条传动。它们的工作特点、啮合条件等如下。

一、斜齿圆柱齿轮传动简介

齿线为螺旋线的圆柱齿轮称为斜齿圆柱齿轮,简称斜齿轮。与直齿轮传动相比,斜齿轮

传动有如下特点：

1. 传动平稳，承载能力强；
2. 传动时产生承向力；
3. 不能用作变速滑移齿轮。

斜齿轮的正确啮合条件为：

1. 两齿轮法向模数相等，$m_{n_1}=m_{n_2}$；
2. 两齿轮法向齿形角相等，$\alpha_{n_1}=\alpha_{n_2}$；
3. 两齿轮螺旋角相等，旋向相反，$\beta_1=-\beta_2$。

斜齿圆柱齿轮的螺旋方向分为左旋和右旋。其旋向判断方法为：使斜齿轮轴线竖直放置，面对齿轮，轮齿的方向从左向右上升时为右旋；反之，从右向左上升时为左旋，如图 5–5 所示。

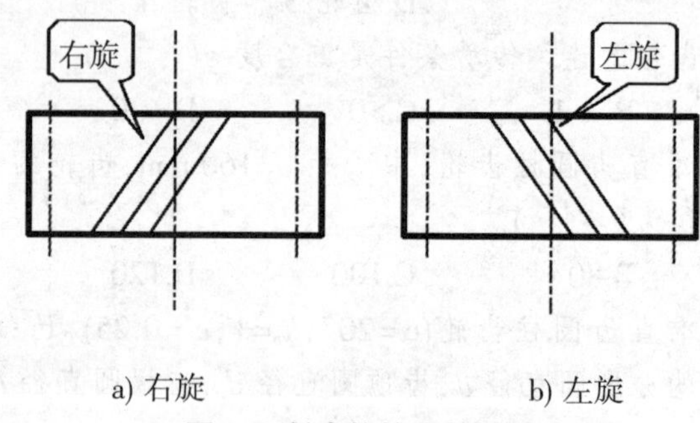

a) 右旋　　b) 左旋

图5–5 斜齿轮的旋向判别

二、圆锥齿轮传动简介

圆锥齿轮传动是用来传递空间两相交轴之间运动和动力的一种齿轮传动，其轮齿分布在圆锥体上，齿形从大端到小端逐渐变小。圆柱齿轮中的有关圆柱均变成了圆锥。为了计算和测量的方便，通常取大端参数为标准值。一对圆锥齿轮两轴线间的夹角Σ称为轴交角。其值可根据传动需要任意选取，在一般机械中，多取Σ=90°。圆锥齿轮的轮齿有直齿、斜齿和曲齿，如图 5–6 所示。其中直齿圆锥齿轮应用最为广泛。

a)直齿圆锥齿轮

b) 曲齿圆锥齿轮

图 5–6 圆锥齿轮传动的类型

直齿圆锥齿轮的正确啮合条件是：

1. 两齿轮的大端端面模数（端面齿距 p_t 除以圆周率 π 所得的商）相等，即 $m_{t_1}=m_{t_2}=m$。

2. 两齿轮的大端齿形角相等，即 $\alpha_1=\alpha_2=\alpha$。

三、齿轮齿条传动简介

齿轮齿条传动是齿轮传动的一种特殊组合方式。当齿轮的圆心位于无穷远处，其上各圆的直径趋向于无穷大，齿轮上的基圆、分度圆、齿顶圆等各圆成为基线、分度线、齿顶线等互相平行的直线，渐开线齿廓变成直线齿廓，齿轮即演化成齿条。

齿轮齿条传动的主要目的是将齿轮的回转运动变成齿条的往复直线运动，或将齿条的直线往复运动变为齿轮的回转运动。其正确啮合条件是：

1. 齿轮与齿条的模数必须相等，即 $m_1=m_2$。

2. 齿轮与齿条分度圆上的齿形角必须相等，即 $\alpha_1=\alpha_2$。

思考与练习

1. 对于标准直齿圆锥齿轮，其模数指圆锥齿轮大端端面的模数。（对　错）

2. 我国规定直齿圆锥齿轮（　　）的参数为标准值。

A.大端　　B.小端　　C.距大端 1/2 处

课题四　渐开线齿轮失效形式

齿轮传动过程中，若轮齿发生折断、齿面损坏等现象，使齿轮失去了正常的工作能力，称之为失效。齿轮传动的失效主要指轮齿的失效，失效形式主要有轮齿折断、齿面磨损、齿面点蚀、齿面胶合、轮齿塑性变形等。

一、轮齿折断

轮齿折断指齿轮一个或多个齿的整体或其局部的断裂。轮齿像一个悬臂梁，受载后齿根部产生的弯曲应力最大。当该应力值超过材料的弯曲疲劳极限时，齿根处产生疲劳裂纹，并不断扩展使轮齿断裂。此外，突然过载、严重磨损及安装制造误差等也会造成轮齿折断，如图5–7所示。

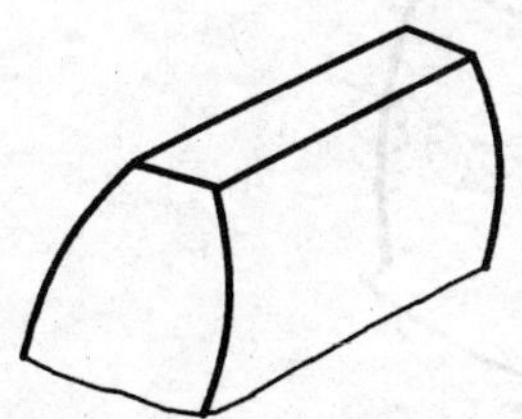
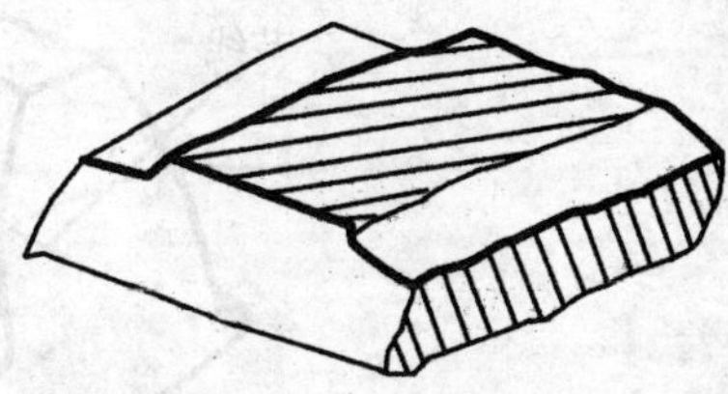

图 5–7　轮齿折断

提高轮齿抗折断能力的主要措施有：增大齿根圆角半径，消除加工刀痕以降低齿根应力集中；增大轴及支承物的刚度以减轻局部过载的程度；对轮齿进行表面处理以提高齿面硬度。

二、齿面磨损

齿面磨损是在齿轮传动过程中，轮齿两个接触表面做相对滑动而造成的材料摩擦损耗现象，如图 5–8 所示。

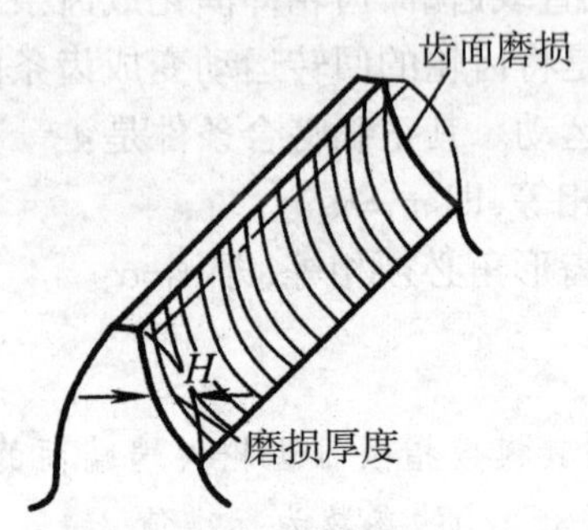

图 5–8 齿面磨损

灰尘、沙粒、金属微粒、锈蚀物等磨料性物质落入轮齿间，加之润滑条件差，使齿面材料被磨掉，破坏齿廓形状，导致噪声和振动，严重时会因齿面减薄过多而折断，最终使齿轮不能正常工作而失效。磨损是开式齿轮传动的主要失效形式。

防止齿面磨损的主要措施有：采用闭式传动，提高齿面硬度，降低齿面粗糙度，采用清洁的润滑油。

三、齿面点蚀

在闭式齿轮传动中，齿轮工作一段时间后，在靠近节线的齿根面上有时会出现因金属脱落而留下的不规则的小坑，这种现象称为齿面疲劳点蚀。

轮齿工作时，齿面上会产生交变的接触应力，当某一局部的接触应力超过材料的接触疲劳极限时，齿面就会出现微小的疲劳裂纹，并逐步扩大导致金属微粒脱落而形成点蚀坑，如图 5–9 所示。

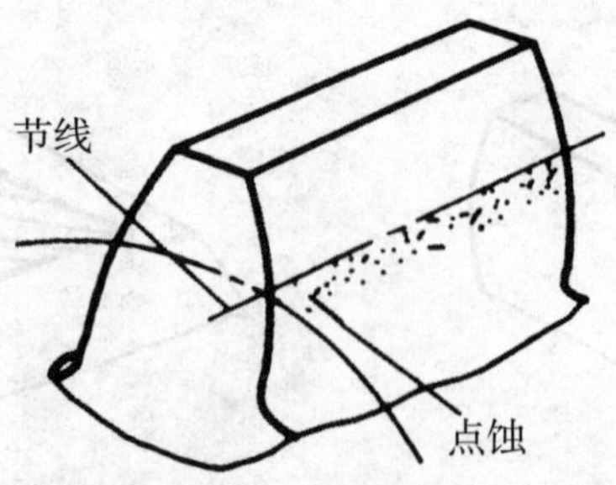

图 5–9 齿面点蚀

点蚀是闭式齿轮传动常见的失效形式。点蚀会影响传动的平稳性，产生振动和噪声，造成轮齿失效。

防止齿面发生点蚀的主要措施有：提高齿面硬度，降低齿面粗糙度，采用黏度较大的润滑油。

四、齿面胶合

在高速重载的齿轮传动中，齿面间压力大，瞬时温度高，润滑油膜被破坏，相互啮合齿面间的金属会发生粘接在一起的现象，同时随着齿面的相对滑动，齿面金属从齿面上撕落而使轮齿表面沿滑动方向出现条状伤痕，这种现象称为胶合，如图 5-10 所示。

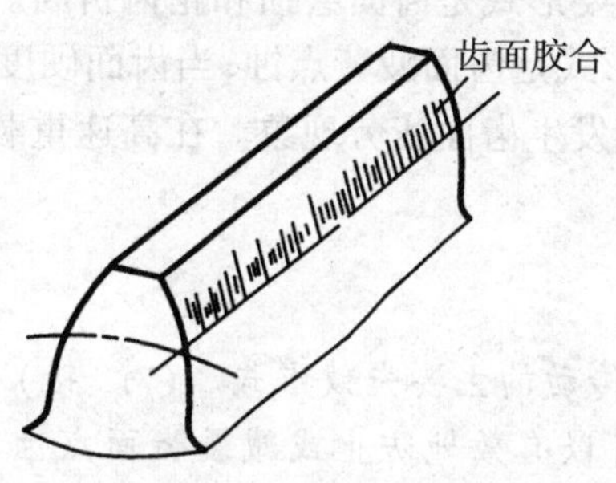

图 5-10　齿面胶合

胶合有热胶合和冷胶合之分。热胶合通常是由于啮合处局部过热导致两接触齿面金属熔焊而粘着；冷胶合则是由于啮合处局部压力很高，且速度低而使两接触表面间油膜遭到破坏而发生胶合。

防止胶合的主要措施有：提高齿面硬度，降低齿面粗糙度，采用黏度大的润滑油，改善冷却方式，限制油温。

五、轮齿塑性变形

轮齿塑性变形是由于轮齿撞击、滚压使轮齿弯曲和压陷，或由于齿轮副工作在超高载荷和摩擦条件下，轮齿的滚动和滑动作用使齿面材料流动的现象，如图 5-11 所示。它一般发生于硬度较低的齿轮，但在重载作用下，也常发生于硬度较高的齿轮。

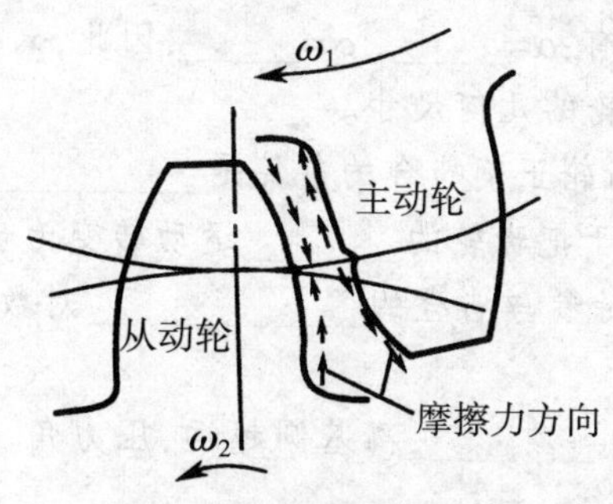

图 5-11　轮齿塑性变形

主动齿轮齿面所受摩擦力背离节线,齿面在节线附近下凹;从动齿轮齿面所受摩擦力指向节线,齿面在节线附近上凸。

防止塑性变形的主要措施有:提高齿面硬度,采用黏度大的润滑油。

在生产实际中,所遇到的轮齿失效往往不是单一的失效形式,而是两种或多种失效形式的组合。并且,在不同的使用场合,齿面失效的判断也是不同的。例如,在一般机械中,齿面出现少许点蚀或齿面塑性变形是允许的,齿轮可以继续工作。但对于精度要求很高的齿轮(如航空齿轮),对失效控制的十分严格,轮齿齿面一出现点蚀,就必须予以更换。轮齿折断很可能会造成重大的设备事故,甚至人身事故,必须避免发生。

齿轮轮齿产生什么形式的失效,主要取决于齿轮的材质和具体的工作条件。实践证明,开式齿轮传动,齿轮失效的主要形式是齿面磨损和轮齿折断。闭式齿轮传动,当齿面硬度较低(HBS≤350)时,主要失效形式是齿面疲劳点蚀;当齿面硬度较高(HBS≥350)时,主要失效形式是轮齿弯曲折断,亦可能发生齿面疲劳现象。在高速重载情况下,轮齿可能发生胶合失效。

思考与练习

1. 齿面点蚀是开式齿轮传动的主要失效形式。(对　错)

2. 适当提高齿面硬度,可以有效地防止或减缓齿面点蚀、齿面磨损、齿面胶合和轮齿折断等失效形式。(对　错)

3. 开式齿轮传动的主要失效形式是(　　)。

A.轮齿折断和齿面胶合　　B.齿面磨损和轮齿折断
C.齿面点蚀和齿面磨损　　D.齿面胶合和齿面点蚀

4. 齿面点蚀通常发生在轮齿(　　)。

A.靠近节线的齿根面上　　B.靠近节线的齿顶面上
C.节线附近　　D.齿顶面上

综合练习

1. 渐开线直齿圆柱齿轮的基本参数有五个,即______、______、______、齿顶高系数和径向间隙系数。

2. 对标准直齿圆柱齿轮,有:α=______,c^*=______,因此,只要给出齿轮的______和______,即可计算出齿轮的几何尺寸。

3. 一对渐开线直齿圆柱齿轮正确啮合的条件是______和______。

4. 齿轮齿条传动,主要用于把齿轮的______运动转变为齿条的______运动。

5. 重合度的大小表明同时参与啮合的______对数的多少,重合度越大,传动越______,承载能力越______。

6.渐开线上各点的压力角______,离基圆越远,压力角______,基圆上的压力角等于______。

7. 如果分度圆上的压力角等于___度，模数取的是____值，齿厚和齿间宽度____的齿轮，就称为标准直齿轮。

8. ______齿轮传动是唯一适用于相交轴的齿轮传动。

9. 一对齿轮啮合时，两齿轮的（　　）始终相切。

A.分度圆　　B.基圆　　C.节圆　　D.齿根圆

10. 一对齿轮要正确啮合，它们的（　　）必须相等。

A.直径　　B.宽度　　C.模数　　D.齿数

11. 一标准直齿圆柱齿轮的周节（齿距）p=15.7 mm，齿顶圆直径为 d_a=400 mm，则该齿轮的齿数为（　　）。

A.82　　B.78　　C.80　　D.76

12. 一个渐开线圆柱齿轮上有两个可见圆（　　）和（　　）；有两个不可见圆（　　）和（　　）。

A.分度圆、齿顶圆；基圆、齿根圆　　B.齿顶圆、基圆；分度圆、齿根圆

C.分度圆、基圆；齿顶圆、齿根圆　　D.齿顶圆、齿根圆；分度圆、基圆

13. 当一对渐开线齿轮制成后，即使两轮的中心距稍有改变，其角速度比仍保持原值不变，原因是（　　）。

A.压力角不变　　B.啮合角不变　　C.节圆半径不变　　D.基圆半径不变

14. 标准压力角和标准模数均在（　　）上。

A.分度圆　　B.基圆　　C.齿根圆　　D.齿顶圆

15. 渐开线内齿轮（　　）最小。

A.齿顶圆　　B.齿根圆　　C.基圆

16. 已知一标准直齿圆柱齿轮的齿数 z=72，全齿高 h=18 mm，求齿轮的模数 m 和分度圆直径 d。

17. 现有一个标准渐开线直齿圆柱齿轮，其齿数 z=30，齿顶圆直径 d_a=160 mm。要求为之配制一个大齿轮，装入中心距 a=250 mm 的齿轮箱内传动。试确定配制齿轮的基本参数。

模块六 蜗杆传动

课题一 蜗杆传动概述

蜗杆传动机构由蜗杆和蜗轮组成,通常两轴线在空间交错角为90°,如图6-1所示,用于传递空间异面两交错轴之间的运动和动力。蜗杆传动广泛用于各种机械设备和仪表中,常用作减速传动。

蜗杆传动中,一般蜗杆为主动件,蜗轮为从动件。

图6-1 蜗杆传动

一、蜗杆传动的类型

蜗杆传动的类型很多。

1. 蜗杆按旋向可分为右旋蜗杆和左旋蜗杆两种，蜗轮按旋向也分为右旋蜗轮和左旋蜗轮。在蜗杆传动中,蜗杆、蜗轮的旋向是一致的,即同为左旋或同为右旋。如图6-2所示。

图6-2 蜗杆、蜗轮的旋向

判定蜗杆的旋向用右手法则来判定：手心对着自己，四指顺着蜗杆轴线方向摆正，若齿向与右手拇指指向一致，则为右旋，反之则为左旋。在实际应用中，因右旋蜗杆便于制造，故一般多用右旋蜗杆。蜗轮的旋向判定方法同蜗杆旋向的判定，如图 6-3 所示。

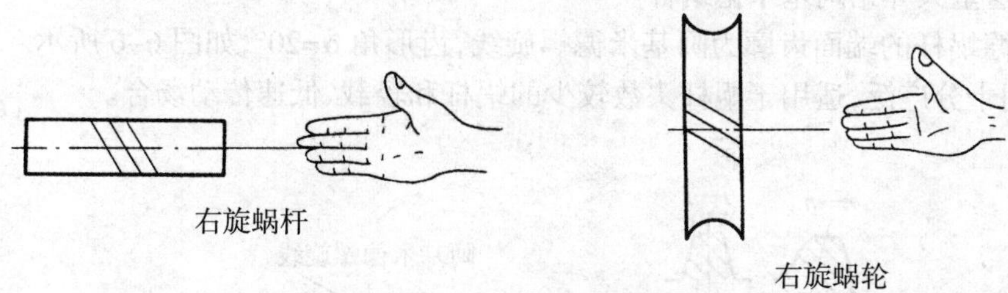

图 6-3　蜗杆、蜗轮旋向的判定

蜗轮的回转方向取决于蜗杆的旋向和蜗杆的回转方向，通常用左(右)手定则来判定，具体为：左旋蜗杆用左手，右旋蜗杆用右手。四指弯曲表示蜗杆的回转方向，大拇指伸直代表蜗杆轴线，则拇指所指方向的相反方向为蜗轮上啮合点的线速度方向。如图 6-4 所示。

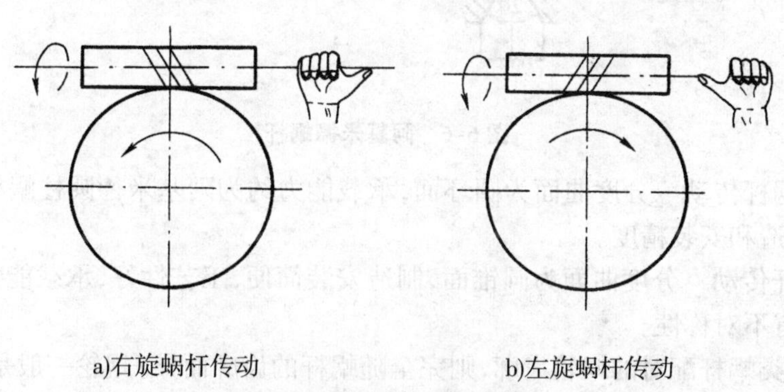

a)右旋蜗杆传动　　b)左旋蜗杆传动

图 6-4　蜗轮回转方向的判定

2. 按蜗杆上螺旋线的条数分为单头蜗杆和双头蜗杆。蜗杆上只有一条螺旋线的称为单头蜗杆，即蜗杆转一周，蜗轮转过一齿；若蜗杆上有两条螺旋线，就称为双头蜗杆，即蜗杆转一周，蜗轮转过两个齿。

3. 按蜗杆形状不同可分为圆柱蜗杆、环面蜗杆和锥蜗杆三种，如图 6-5 所示。

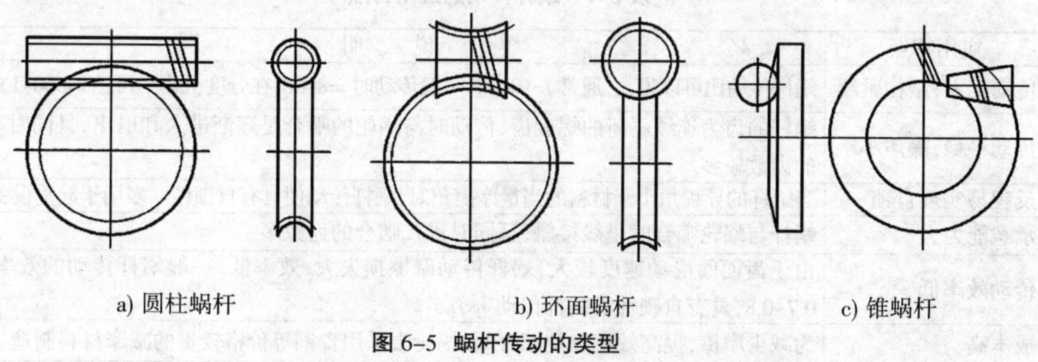

a) 圆柱蜗杆　　b) 环面蜗杆　　c) 锥蜗杆

图 6-5　蜗杆传动的类型

(1)圆柱蜗杆传动 根据齿面形状不同,圆柱蜗杆又分为普通圆柱蜗杆和圆弧圆柱蜗杆传动。由于普通圆柱蜗杆加工方便,工艺设备简单,所以应用最广泛。

按照蜗杆齿廓曲线的形状,普通圆柱蜗杆又分为阿基米德蜗杆、渐开线蜗杆、法向直廓蜗杆三种。这里只介绍阿基米德蜗杆。

阿基米德蜗杆的端面齿廓为阿基米德螺旋线,齿形角 α=20°,如图 6-6 所示。加工和测量方便,应用十分广泛,适用于蜗杆头数较少的蜗杆和轻载、低速传动场合。

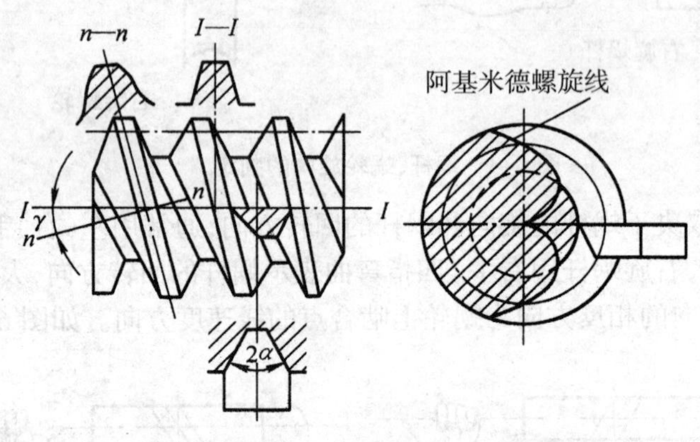

图 6-6 阿基米德蜗杆

(2)环面蜗杆传动 分度曲面为圆环面,承载能力约为阿基米德圆柱蜗杆的 2~4 倍,但需要较高的制造和安装精度。

(3)锥蜗杆传动 分度曲面为圆锥面,制造安装简便,工艺性好,承载能力强,传动效率高,但传动具有不对称性。

与上述各类蜗杆配对的蜗轮齿廓,则完全随蜗杆的齿廓而异。蜗轮一般是在滚齿机上用滚刀或飞刀加工的。为了保证蜗杆和蜗轮能正确啮合,切削蜗轮的滚刀齿廓,应与蜗杆的齿廓一致;深切时的中心距,也应与蜗杆传动的中心距相同。

二、蜗杆传动的应用特点

蜗杆传动的应用特点见表 6-1。

表 6-1 蜗杆传动的应用特点

应用特点	说 明
传动比大,结构紧凑	蜗杆传动比可以很大,通常 i=10~30,一般传动时 i=8~60,在分度机构中可达 i=600~1 000
传动平稳,噪声小	蜗杆的齿为连续不断的螺旋齿,传动时与蜗轮的啮合是逐渐进入和退出,且同时啮合的齿数较多
反程易实现自锁	当蜗杆的导程角小于材料的当量摩擦角时,蜗杆传动便具有自锁性。多用于起重设备中
承载能力大	蜗杆与蜗轮啮合时呈线接触,且同时进入啮合的齿数多
传动效率低	由于齿面间滑动速度较大,蜗杆传动摩擦损失大,效率低,一般蜗杆传动的效率 η=0.7~0.8,具有自锁性的蜗杆传动 η<0.5
成本高	为减少摩擦,提高效率和使用寿命,蜗轮常采用青铜等价格较贵的减摩材料制造

思考与练习

1. 在蜗杆传动中，主动件一定是蜗杆，从动件一定是蜗轮。（对 错）
2. 蜗杆传动具有传动比大，承载能力大，传动效率高等特点。（对 错）
3. 蜗杆传动与齿轮传动相比有哪些特点？

课题二 蜗杆传动的主要参数和啮合条件

对于两轴在空间交错成 90°的普通圆柱蜗杆传动，通过蜗杆轴线并垂直于蜗轮轴线的平面称为中间平面，如图 6–7 所示。在中间平面内，蜗杆传动的啮合情况，相当于齿条与齿轮的啮合传动。因此，蜗杆传动的主要参数和几何尺寸计算均以中间平面上的参数和尺寸为基准。

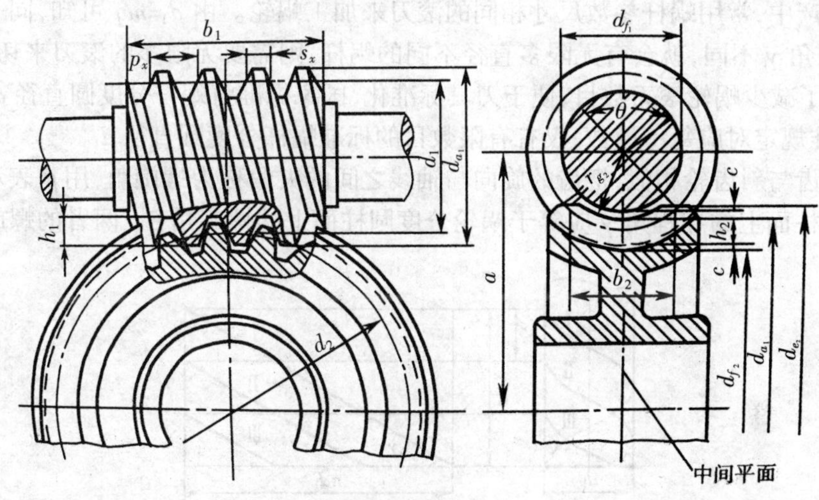

图 6–7 蜗杆传动的主要几何尺寸

一、蜗杆传动的主要参数

蜗杆传动的主要参数有模数 m、齿形角 α、蜗杆导程角 γ、蜗杆直径系数 q、蜗杆的分度圆直径 d_1、蜗杆头数 z_1、蜗轮齿数 z_2、传动比 i、中心距 a 等。

1. 模数 m 和齿形角 α。

如图 6–7 所示为阿基米德蜗杆与蜗轮在中间平面内的啮合图，它相当于齿条与齿轮的啮合传动。在中间平面内，因蜗杆的轴向齿距与蜗轮的端面齿距相等，所以蜗杆的轴向模数 m_{x_1} 与蜗轮的端面模数 m_{t_2} 相等，并为标准值，用 m 表示。蜗杆的轴向压力角 α_{x_1} 等于蜗轮的端面压力角 α_{t_2}，用 α 表示，且为标准值，α=20°。即：$m_{x_1}=m_{t_2}=m$，$\alpha_{x_1}=\alpha_{t2}=\alpha$。

2. 蜗杆导程角 γ、蜗杆直径系数 q 和蜗杆分度圆直径 d_1。

蜗杆的导程角 γ 是指圆柱螺旋线的切线与端平面之间所夹的锐角。如果将直径为 d_1 的蜗杆分度圆柱展开，如图 6–8 所示，则：

$$\pi d_1\tan\gamma=z_1p_x=z_1m\pi$$

式中　z_1——螺旋线头数，亦即蜗杆齿数；

p_x——蜗杆轴向齿距，mm；

m——蜗杆轴面（蜗轮端面）模数，mm。

所以

$$d_1=m\frac{z_1}{\tan\gamma}$$

令

$$q=\frac{z_1}{\tan\gamma}$$

则

$$d_1=mq$$

其中，q 称为蜗杆直径系数。

实际生产中，常用蜗杆参数尺寸相同的滚刀来加工蜗轮。由 $d_1=mq$ 可知，同一标准模数 m，如果导程角 γ 不同，就会有无限多直径不同的蜗杆，则需要无限多的滚刀来切制蜗轮，经济性差。为了减少蜗轮滚刀数目，便于刀具标准化，国家标准将蜗杆分度圆直径 d_1 的尺寸加以限制，标准规定对应每一模数，仅有有限数目的标准蜗杆分度圆直径 d_1。

蜗轮轮齿与斜齿轮相似，把齿的旋向与轴线之间的夹角称为螺旋角，用 β 表示。并规定蜗杆分度圆柱面上的导程角 γ 应等于蜗轮分度圆柱面上的螺旋角 β，两者的螺旋方向必须相同。

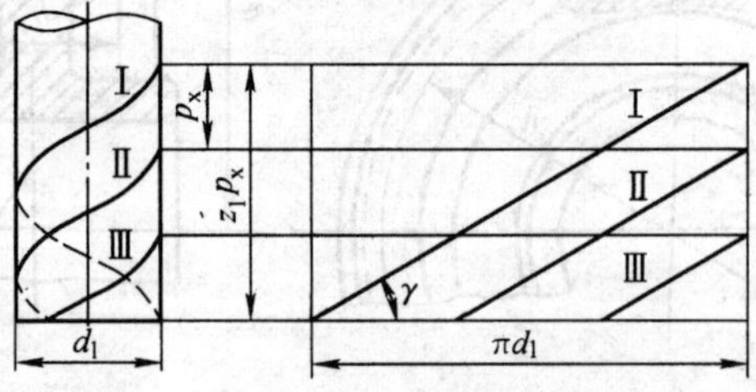

图 6–8　蜗杆展开图

3. 蜗杆头数 z_1、蜗轮齿数 z_2。

蜗杆头数指蜗杆上螺旋线的数目。蜗杆头数通常为 z_1=1、2、4、6 等。单头蜗杆容易切削，导程角小，自锁性好，但效率低。蜗杆头数越多，加工越困难，分度误差越大。

蜗轮齿数 $z_2=iz_1$，i 为传动比，为了避免蜗轮轮齿产生根切、传动干涉和保证传动的平稳性，应使 $z_2\geqslant27$。但 z_2 不宜过多，否则当模数一定时，会使蜗轮直径过大，造成蜗杆支承跨距过大，降低蜗杆的刚性，导致啮合不良。

4. 传动比 i。

$$i=\frac{n_1}{n_2}=\frac{z_1}{z_2}=\frac{d_2}{d_1\tan\gamma}$$

式中　n_1——蜗杆的转速，r/min；

n_2——蜗轮的转速，r/min；

z_1——蜗杆头数；

z_2——蜗轮齿数。

应当指出，蜗杆传动的传动比不等于蜗轮和蜗杆两个分度圆直径之比。

当蜗杆为主动件时，传动比应按规定选取，见表 6–2。

i	4.83~5.17	7.25~15.25	15.5~30.5	31~83
z_1	6	4	2	1
z_2	29~31	29~61	29~61	29~83

表 6–2 蜗轮、蜗杆传动比的选择

5. 中心距 a。

$$a=\frac{1}{2}(d_1+d_2)$$

其中，d_1 为蜗杆分度圆直径，$d_1=mq$；d_2 为蜗轮分度圆直径，$d_2=mz_2$。

将 d_1、d_2 代入上式，得

$$a=\frac{m}{2}(q+z_2)$$

国家标准规定，中心距的标准系列值为：40、50、63、80、100、125、160、(180)、200、250、(280)、315、355、400、450、500。

二、蜗杆传动的正确啮合条件

1. 在中间平面内，蜗杆的轴向模数 m_{x_1} 与蜗轮的端面模数 m_{t_2} 相等，并为标准值，即 $m_{x_1}=m_{t_2}=m$；

2. 在中间平面内，蜗杆的轴向压力角 α_{x_1} 等于蜗轮的端面压力角 α_{t_2}，并为标准值，即 $\alpha_{x_1}=\alpha_{t_2}=\alpha$。

3. 蜗杆分度圆柱面上的导程角 γ 应等于蜗轮分度圆柱面上的螺旋角 β，且两者的螺旋方向必须相同。

三、蜗杆传动的润滑与散热

润滑对蜗杆传动具有特别重要的意义。由于蜗杆传动产生的热量较大，所以要求工作时有良好的润滑，其目的就在于减少摩擦与散热，以提高蜗杆传动效率，防止胶合及减少摩擦。

蜗杆传动的润滑方式主要有油池润滑和喷油润滑。

思考与练习

1. 确定蜗杆的头数 z_1 和蜗轮的齿数 z_2 时应考虑哪些因素？
2. 蜗杆传动以什么模数为标准模数？蜗杆头数 z_1 对传动有什么影响？

综合练习

1. 在蜗杆传动中，通常______为主动件。

2. 在蜗轮齿数不变的情况下，蜗杆头数越少，则传动比就越______。

3. 蜗杆传动的失效形式与齿轮传动的失效形式相类似，其中蜗杆传动最易发生____失效。

4. 增加蜗杆头数，可以______传动效率，但蜗杆头数过多，将会给______带来困难。

5. 在蜗杆、蜗轮机构中，将蜗杆中分度圆直径标准化的目的是______。

6. 阿基米德蜗杆的标准模数和标准压力角是在它的(　　)中规定的。

A.端面　　B.法面　　C.轴面

7. 相互啮合的蜗轮和蜗杆轮齿的旋向(　　)。

A.相同　　B.相反　　C.不一定

8. 蜗杆、蜗轮传动用于传递(　　)之间的运动和动力。

A.两相交轴　　B.两平行轴　　C.两交错轴

9. 起重用手动蜗杆传动装置，宜采用(　　)蜗杆。

A.单头、小升角　　B.单头、大升角　　C.多头、小升角　　D.多头、大升角

10. 在哪种情况下采用蜗杆传动？(　　)

A.轴线是平行的　　B.相交成某种角度

C.相交成直角　　D.直角交错

11. 蜗杆传动中引入直径系数的目的是为了(　　)。

A.设计方便　　B.控制加工蜗轮的刀具的数量

C.保证蜗杆的刚度足够　　D.保证蜗轮不产生过度磨损

12. 某分度机构中，传动比为 800，传递功率不大，应采用(　　)。

A.链传动　　B.V 带传动　　C.蜗杆传动　　D.一对圆柱齿轮传动

13. 举例说明蜗杆传动在实际生产生活中的应用情况。

模块七　轮系

课题一　轮系的分类及其应用特点

一、轮系及其分类

在机械传动中，有时为了获得较大的传动比，或将主动轴的一种转速变换为从动轴的多种转速，或者需要改变从动轴的回转方向，可以用一系列相互啮合的齿轮将主动轴与从动轴连接起来组成传动系统。这种由一系列相互啮合的齿轮组成的传动系统称为轮系。轮系广泛应用于机械传动中。

轮系按照传动时各齿轮的轴线位置是否固定分为定轴轮系、周转轮系和混合轮系三大类。

轮系运转时，所有齿轮的几何轴线位置相对于机架固定不变，称为定轴轮系，如图 7-1a)所示；至少有一个齿轮的几何轴线相对于机架位置不固定，而是绕另一个齿轮的几何轴线转动的，称为周转轮系，如图 7-1b)；轮系中既含有定轴轮系又含有周转轮系的，称为混合轮系，如图 7-1c)所示。

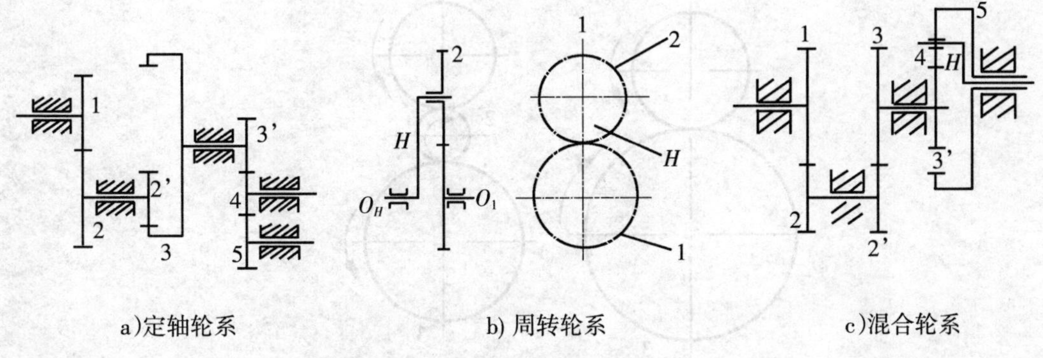

图 7-1　轮系的分类

本模块主要讲述定轴轮系。

二、轮系的应用特点

1. 可获得很大的传动比。

用一对相互啮合的齿轮传动，受结构的限制，传动比不能过大（一般 i_{12}=3~5，i_{max}≤8），而采用轮系传动可以获得很大的传动比，以满足低速工作的要求。

2. 可做较远距离的传动。

当两轴中心距较大时，如用一对齿轮传动，则两齿轮的尺寸必然很大，不仅浪费材料，而且传动机构庞大。而采用轮系传动，则可使其结构紧凑，并能进行较远距离传动。如图 7-2 所示。

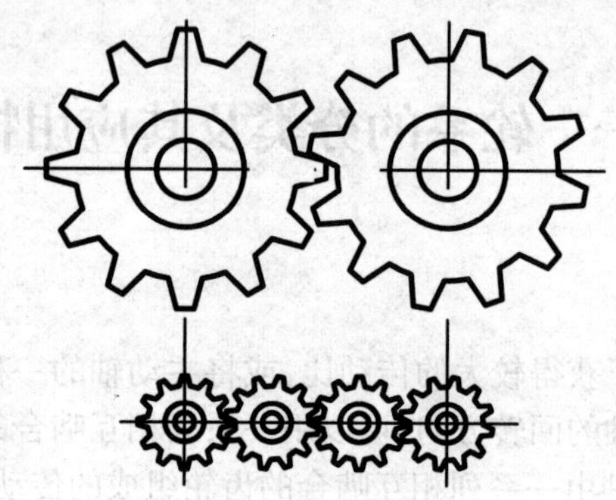

图 7-2 利用轮系做较远距离传动

3. 可以实现变速和变向要求。

在机床、汽车等机械设备中，利用轮系可获得多级转速，以满足不同工作的要求。在图 7-3 中，当在中间增加一个齿轮 2，则齿轮 1 和齿轮 3 的转向相同。所以，利用中间齿轮（也称惰轮或过桥轮）可以改变从动齿轮的转向，达到变向的目的。

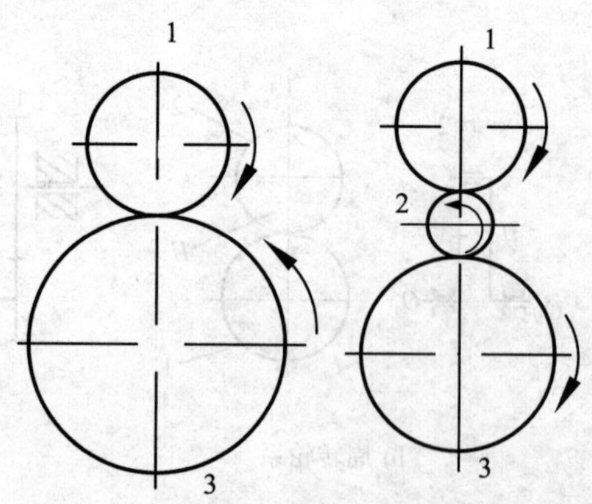

图 7-3 利用中间齿轮变向

4. 可以实现运动的合成和分解。

采用行星轮系，可以将两个独立的运动合成为一个运动，或将一个运动分解为两个独立的运动。

思考与练习

1. 定轴轮系、周转轮系和混合轮系有什么相同和不同之处？
2. 简述轮系的应用特点。
3. 观察车床主轴箱或汽车变速器中的齿轮，它们属于哪种类型？

课题二　定轴轮系传动比计算

一、定轴轮系中各轮转向的判断

在轮系传动中，齿轮的回转方向可以用箭头来表示，标注同向箭头的齿轮回转方向相同，标注反向箭头的齿轮回转方向相反，规定箭头指向为齿轮可见侧边的圆周速度方向。

如果轮系中各齿轮轴线互相平行时，既可用画箭头的方法来确定任意从动轮的转向，也可用数外啮合齿轮对数的方法来确定。若外啮合齿轮对数是偶数，则首轮与末轮转向相同；若为奇数，则转向相反。但对于轮系中有圆锥齿轮，蜗轮、蜗杆，齿轮、齿条的情况，就只能用画箭头的方法来表示。

表 7–1 为一对齿轮传动转向的表达。

表 7–1　一对齿轮传动转向的表达

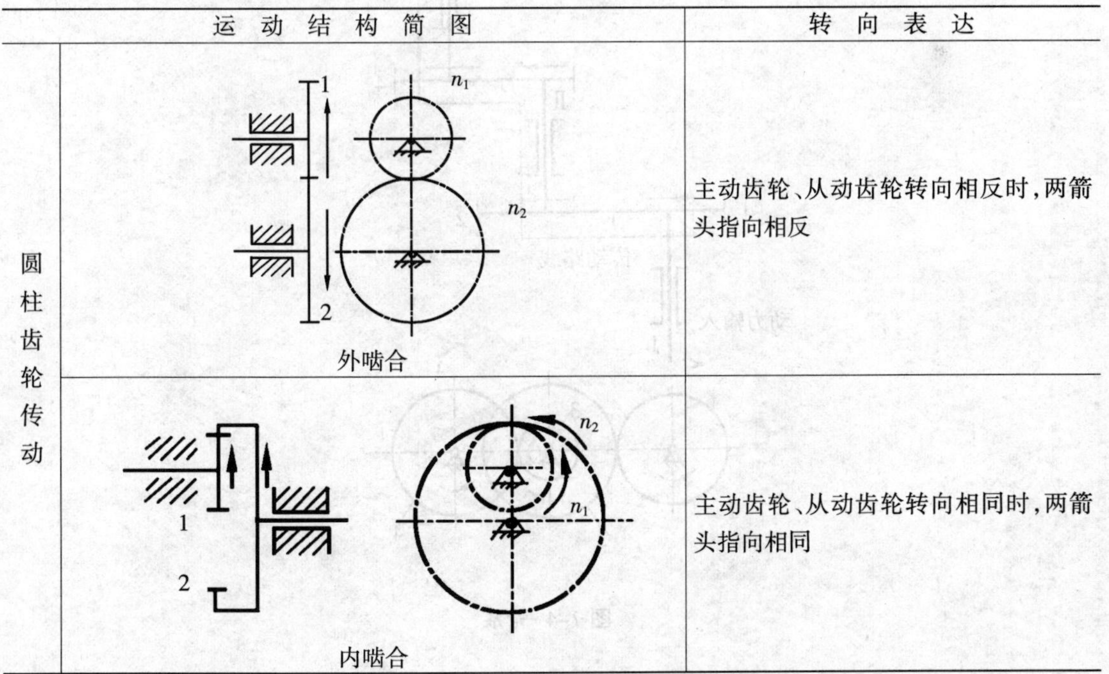

	运动结构简图	转向表达
圆柱齿轮传动	外啮合	主动齿轮、从动齿轮转向相反时，两箭头指向相反
	内啮合	主动齿轮、从动齿轮转向相同时，两箭头指向相同

续表 7-1

	运动结构简图	转向表达
锥齿轮传动	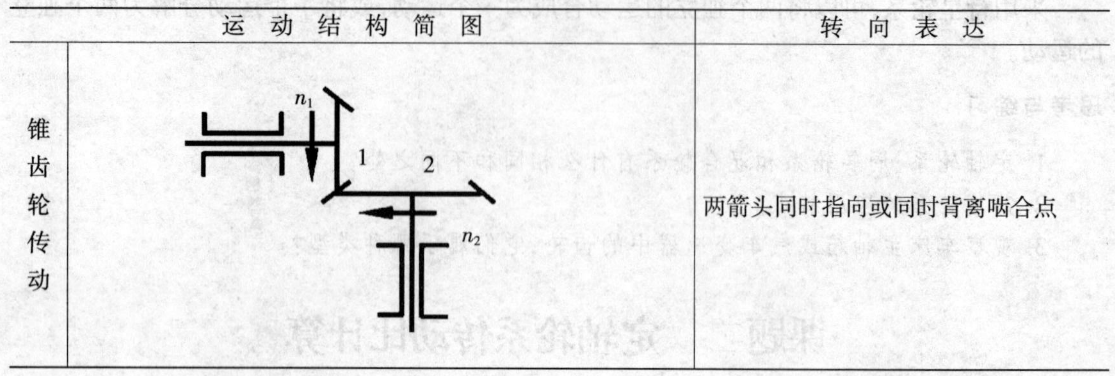	两箭头同时指向或同时背离啮合点

二、定轴轮系传动路线

分析轮系传动路线时，可沿输入轴（首轮）至输出轴（末轮）的路线进行分析。如图 7–4 所示，运动由轴Ⅰ经轴Ⅱ传到轴Ⅲ，表示为：

$$n_1 \to \mathrm{I} \to \frac{z_1}{z_2} \to \mathrm{II} \to \frac{z_3}{z_4} \to \mathrm{III} \to n_4$$

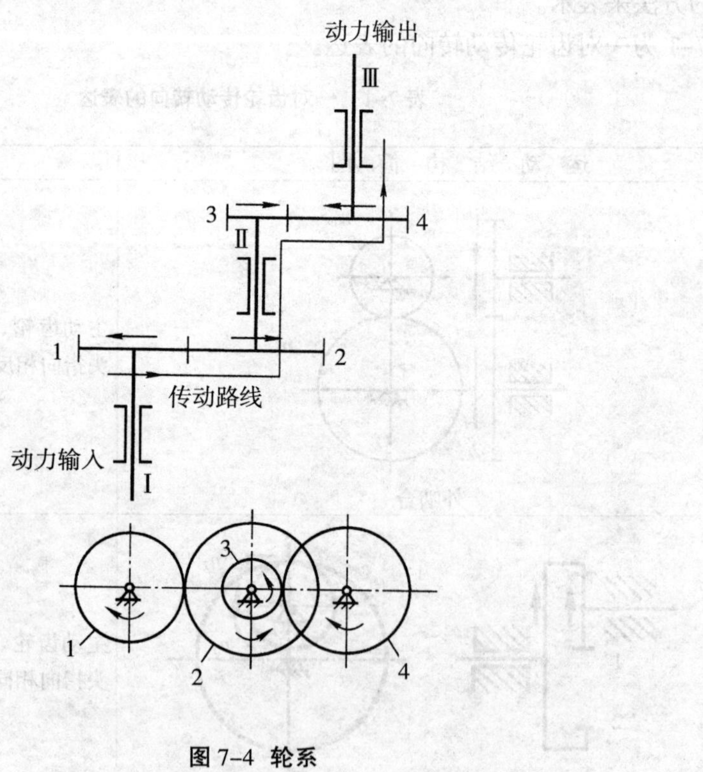

图 7–4　轮系

三、定轴轮系传动比计算

轮系的传动比等于首轮与末轮转速之比。

如图 7-4 中，首轮齿数为 z_1，转速为 n_1，末轮齿数为 z_4，转速为 n_4，Ⅰ为动力输入轴，Ⅲ为动力输出轴。Ⅰ、Ⅱ、Ⅲ轴轴线位置在传动中保持不变，则该轮系的传动比为首轮转速 n_1 和末轮转速 n_4 的传动比，称为总传动比 $i_{总}$。

因齿轮 2 和齿轮 3 同轴，

$$i_{12}=\frac{n_1}{n_2}=\frac{z_2}{z_1},\ i_{34}=\frac{n_3}{n_4}=\frac{z_4}{z_3},$$

$$i_{总}=i_{12}i_{34}=\frac{n_1}{n_2}\cdot\frac{n_3}{n_4}=\frac{z_2}{z_1}\cdot\frac{z_4}{z_3}$$

该式说明，轮系的传动比等于各级齿轮副传动比的连乘积，即轮系中所有从动齿轮齿数的连乘积与所有主动齿轮齿数的连乘积之比。

在平行定轴轮系中，若 1 表示首轮，k 表示末轮，外啮合的次数为 m。则其总传动比为：

$$i_{总}=i_{1k}=(-1)^m\frac{各级齿轮副中从动齿轮齿数的连乘积}{各级齿轮副中主动齿轮齿数的连乘积}$$

当 $i_{总}$ 为正值时，表示首轮与末轮转向相同；为负值时，表示转向相反。

如图 7-5 所示的定轴轮系中，已知各轮齿数及转向 n_1。根据传动比计算公式，可知

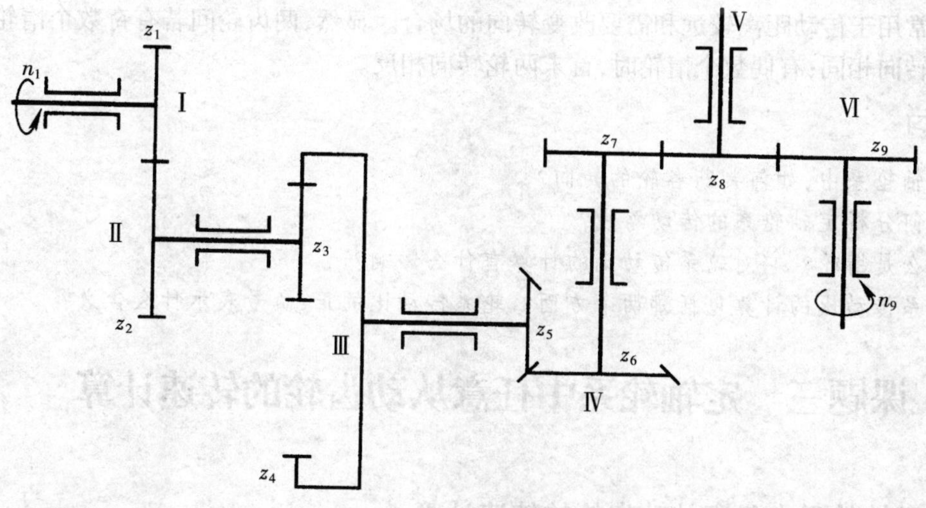

图 7-5 轮系

$$i_{19}=i_{12}i_{34}i_{56}i_{78}i_{89}=\frac{z_2}{z_1}\cdot\frac{z_4}{z_3}\cdot\frac{z_6}{z_5}\cdot\frac{z_8}{z_7}\cdot\frac{z_9}{z_8}$$

因该轮系中含有圆锥齿轮，所以只能用画箭头的方法来判定 n_9 的转向。

例 1　如图 7–6 所示，已知 $z_1=24, z_2=28, z_3=20, z_4=60, z_5=20, z_6=20, z_7=28$，轴 I 为主动轴，转向如图。求该轮系的传动比，并判定齿轮 7 的转向。

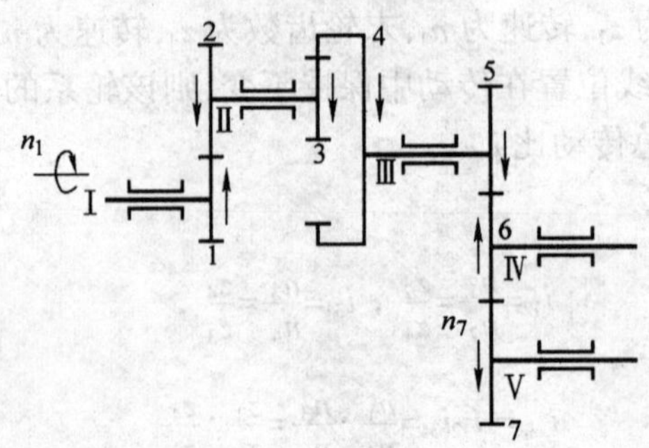

图 7–6　轮系

解：根据传动比计算公式，得

$$i_{17}=i_{12}i_{34}i_{56}i_{67}=\left(-\frac{z_2}{z_1}\right)\left(+\frac{z_4}{z_3}\right)\left(-\frac{z_6}{z_5}\right)\left(-\frac{z_7}{z_6}\right)=-\frac{28\times60\times20\times28}{24\times20\times20\times20}=-4.9$$

结果为负值，表示齿轮 7 和齿轮1 的转向相反。

图 7–6 中，齿轮 6 既是前对齿轮(z_5–z_6)的从动轮，又是后对齿轮(z_6–z_7)的主动轮，其对传动比无影响，但却改变了齿轮副中从动轮的回转方向，这样的齿轮称为惰轮。

惰轮常用于传动距离较远和需要改变转向的场合。显然，两齿轮间若有奇数个惰轮时，首末两轮转向相同；有偶数个惰轮时，首末两轮转向相反。

思考与练习

1. 定轴轮系中，如何判断各轮的转向？
2. 如何分析定轴轮系的传动路线？
3. 什么是惰轮？它对轮系传动比的计算有什么影响？
4. 轮系传动比的计算包括哪两个方面？轮系传动比的正、负号表示什么含义？

课题三　定轴轮系中任意从动齿轮的转速计算

一、定轴轮系中任意从动齿轮的转速计算

设轮系中各主动齿轮齿数为 z_1、z_3、z_5…，从动齿轮齿数为 z_2、z_4、z_6…，首轮转速为 n_1，第 k 个齿轮的转速 n_k 为：

$$n_k=\frac{n_1}{i_{1k}}=n_1\frac{z_1z_3z_5\ldots z_{k-1}}{z_2z_4z_6\ldots z_k}$$

例 2 如图 7–7 所示的定轴轮系，已知 $z_1=2, z_2=60, z_3=20, z_4=40, z_5=30, z_6=60, n_1=1\ 000$ r/min，试计算该轮系中的传动比 i_{16}，轮 6 的转速 n_6，并判断轮 6 的转向。

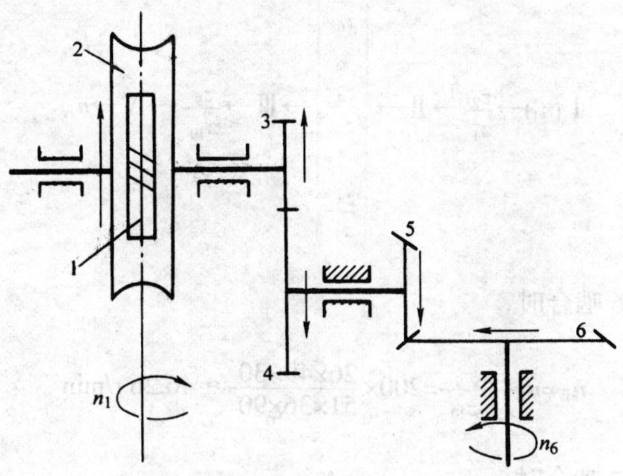

图 7–7 定轴轮系

$$\text{解}: i_{16}=\frac{\text{各级齿轮副中从动齿轮齿数的连乘积}}{\text{各级齿轮副中主动齿轮齿数的连乘积}}=\frac{z_2z_4z_6}{z_1z_3z_5}=-\frac{60\times40\times60}{2\times20\times30}=120$$

$$n_6=\frac{n_1}{i_{16}}=\frac{1\ 000}{120}=8.33 \text{ r/min}$$ （轮 6 的转向由箭头法标出，如图 7–7 所示）

二、含有滑移齿轮的定轴轮系转速计算

如图 7–8 所示为含有滑移齿轮 z_{6-7-8} 的定轴轮系传动系统，分别改变滑移齿轮的啮合位置，可以改变该轮系的传动比，以达到不同的变速要求。具体计算如下：

例 3 如图 7–8 所示，已知 $z_1=26, z_2=51, z_3=42, z_4=29, z_5=49, z_6=36, z_7=56, z_8=43, z_9=30, z_{10}=90$，轴Ⅰ的转速 $n_1=200$ r/min。试分析其传动路线，并求当轴Ⅲ上的三联齿轮分别与轴Ⅱ上的三齿轮啮合时，轴Ⅳ的三种转速。

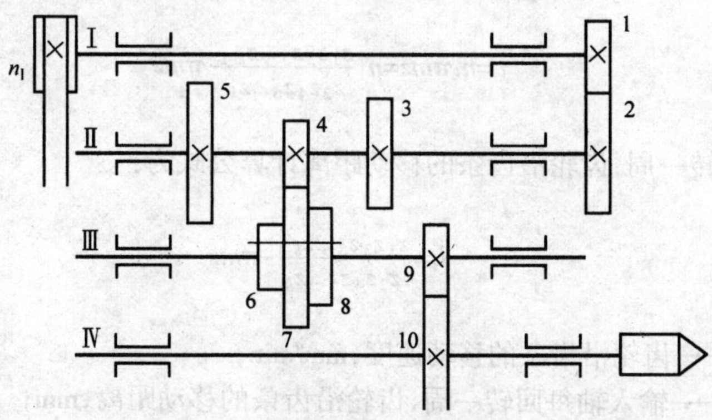

图 7–8 含有滑移齿轮的定轴轮系

解:该变速机构的传动路线为:

$$\text{Ⅰ}(n_1)\rightarrow\frac{z_2}{z_1}\rightarrow\text{Ⅱ}\rightarrow\begin{Bmatrix}\frac{z_5}{z_6}\\ \frac{z_4}{z_7}\\ \frac{z_3}{z_8}\end{Bmatrix}\rightarrow\text{Ⅲ}\rightarrow\frac{z_9}{z_{10}}\rightarrow\text{Ⅳ}\rightarrow n_{\text{Ⅳ}}$$

当齿轮 5 与齿轮 6 啮合时,

$$n_{\text{Ⅳ}}=n_1\frac{z_1z_5z_9}{z_2z_6z_{10}}=200\times\frac{26\times49\times30}{51\times36\times90}\approx46.26\text{ r/min}$$

当齿轮 4 与齿轮 7 啮合时,

$$n_{\text{Ⅳ}}=n_1\frac{z_1z_4z_9}{z_2z_7z_{10}}=200\times\frac{26\times29\times30}{51\times56\times90}\approx17.60\text{ r/min}$$

当齿轮 3 与齿轮 8 啮合时,

$$n_{\text{Ⅳ}}=n_1\frac{z_1z_3z_9}{z_2z_8z_{10}}=200\times\frac{26\times42\times30}{51\times43\times90}\approx33.20\text{ r/min}$$

三、末端带有移动件的定轴轮系转速计算

在实际应用定轴轮系的各种设备中,常遇到末端带有移动件的情形,如末端为齿轮齿条传动或螺旋传动等。此时的具体计算如下:

1. 末端为齿轮齿条传动的计算。

末端件为齿轮齿条传动的定轴轮系,齿轮沿齿条的移动速度可用如下公式进行计算:

$$v=n_k\pi mz=n_1\frac{z_1z_3z_5\cdots z_{k-1}}{z_2z_4z_6\cdots z_k}\pi mz$$

输入轴每回转一周,齿轮沿齿条的移动距离计算公式为:

$$L=\frac{z_1z_3z_5\cdots z_{k-1}}{z_2z_4z_6\cdots z_k}\pi mz$$

式中 v——齿轮沿齿条的移动速度,mm/min;

L——输入轴每回转一周,齿轮沿齿条的移动距离,mm;

n_1——输入轴转速,r/min;

m——齿轮齿条副中的齿轮模数,mm;

z——齿轮齿条副中的齿轮和齿数。

例 4 如图 7–9 所示为某车床拖板箱传动系统,末端是齿轮齿条传动。已知 z_1=2 且右旋,z_2=60,z_3=20,z_4=40,z_5=30,z_6=90,z_8=20,m_8=2 mm,若 n_1=1 500 r/min,转向如图所示,求齿条移动速度及移动方向。

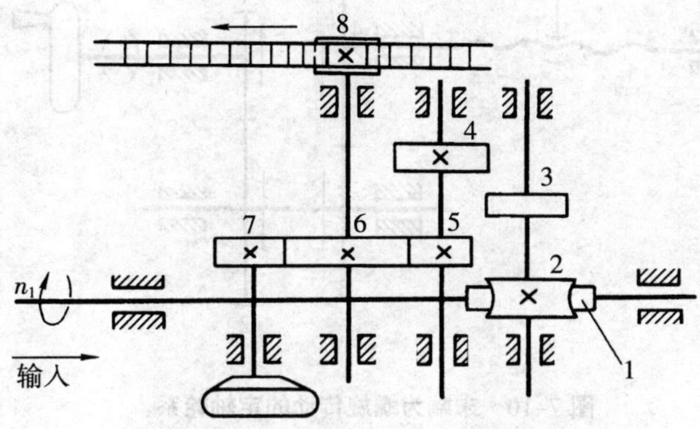

图 7–9 末端为齿轮齿条传动的定轴轮系

解:根据公式

$$v=n_k\pi mz=n_1\frac{z_1 z_3 z_5 \cdots z_{k-1}}{z_2 z_4 z_6 \cdots z_k}\pi mz \text{ 得}$$

$$v=1\,500\times\frac{2\times20\times30}{60\times40\times90}\times3.14\times2\times20\approx1\,047\ \text{mm/min}$$

移动方向如图 7–9 所示。

2. 末端为螺旋传动的计算:

轮系中,若末端带有螺旋传动,则螺母(砂轮架)的移动速度及输入轴每回转一周的移动距离分别用下式计算:

$$v=n_kP_h=n_1\frac{z_1z_3z_5\cdots z_{k-1}}{z_2z_4z_6\cdots z_k}P_h$$

$$L=\frac{z_1z_3z_5\cdots z_{k-1}}{z_2z_4z_6\cdots z_k}P_h$$

式中 v——螺母(砂轮架)的移动速度,mm/min;

L——输入轴(手轮)每回转一周,螺母(砂轮架)的移动距离,mm;

n_1——主动齿轮的转速,r/min;

P_h——螺杆的导程，mm。

例 5 如图 7–10 所示为磨床砂轮架进给机构，末端为螺旋传动。已知 z_1=28，z_2=56，z_3=38，z_4=57，丝杠 Tr50×3。当手轮按图示方向以 n_1=50 r/min 回转时，求砂轮架移动速度及方向。

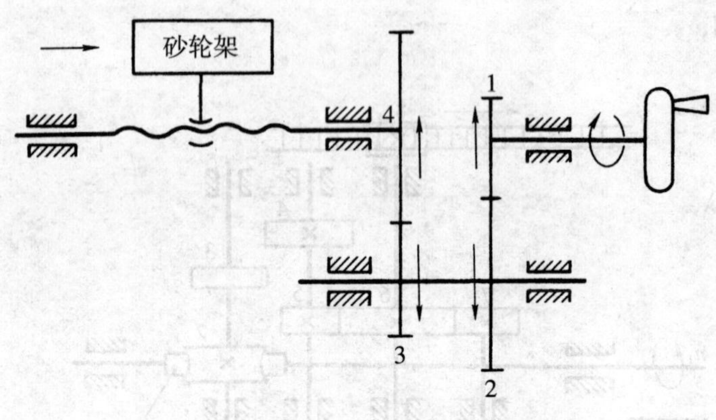

图 7–10 末端为螺旋传动的定轴轮系

解：根据公式

$$v=n_kP_h=n_1\frac{z_1\,z_3\,z_5\,\dots\,z_{k-1}}{z_2\,z_4\,z_6\,\dots\,z_k}P_h \quad 得$$

$$v=50\times\frac{28\times38}{56\times57}\times3=50\ \text{mm/min}$$

丝杆为右旋，根据右手定则判断砂轮架移动方向，如图 7–10 所示。

思考与练习

如何计算定轴轮系中任意从动齿轮的转速？

综合练习

1. 当两轴相距较远，且要求瞬时传动比准确，应采用(   )传动。
   A.带 B.链 C.轮系
2. 齿轮与轴之间滑移，是指齿轮与轴周向固定，齿轮可沿(   )滑移。
   A.周向 B.轴向 C.周向与轴向
3. 在轮系中，两齿轮间若增加(   )个惰轮时，首、末两轮的转向相同。
   A.奇数 B.偶数 C.任意数
4. 设主动轴转速为 1 200 r/min，若要求从动轴获得 12 r/min 的转速，应采用(   )传动。

A.一对直齿圆柱齿轮　　　　　　B.链　　　　　C.轮系

5. 轮系采用惰轮的主要目的是使机构具有(　　　　)功能。

A.变速　　　　B.变向　　　　C.变速与变向

6. 按轮系传动时各齿轮的轴线位置是否固定，将轮系分为__________、________和________三大类。

7. 轮系中含有圆锥齿轮，蜗轮、蜗杆，齿轮、齿条，其各轮转向只能用______的方法表示。

8. 在轮系中，末端若为齿轮齿条传动，它可以把主动件的______运动变为从动件的____运动。

9. 在各齿轮轴线相互平行的轮系中，若齿轮的外啮合对数是偶数，则首轮与末轮的转向________；若为奇数，则首轮与末轮的转向________。

10. 轮系的末端是螺旋传动，已知末端轴转速 n=80 r/min，三线螺杆的螺距为 4 mm，则螺母每分钟移动距离为(　　　　)mm。

A.240　　　　B.320　　　　C.960

11. 轮系的末端是齿轮齿条传动，已知小齿轮模数 m=3 mm，齿数 z=25，末轴转速 n=75 r/min，则齿条每分钟移动距离为(　　　　)mm。

A.17 662.5　　　　B.5 625　　　　C.5 887.5

模块八　平面连杆机构

课题一　铰链四杆机构的组成和分类

一、平面连杆机构的组成

平面连杆机构是由一些刚性构件用转动副或移动副连接而成，在同一平面或相互平行的平面内运动的机构。因其机构中的运动副都是低副，又称为低副机构。

最常用的平面连杆机构是由四个构件(包括机架)组成的低副机构，称为四杆机构，如图 8-1 所示。构件间用四个转动副相连的平面四杆机构，称为平面铰链四杆机构，简称铰链四杆机构。铰链四杆机构是四杆机构的基本形式，下面我们着重讨论。

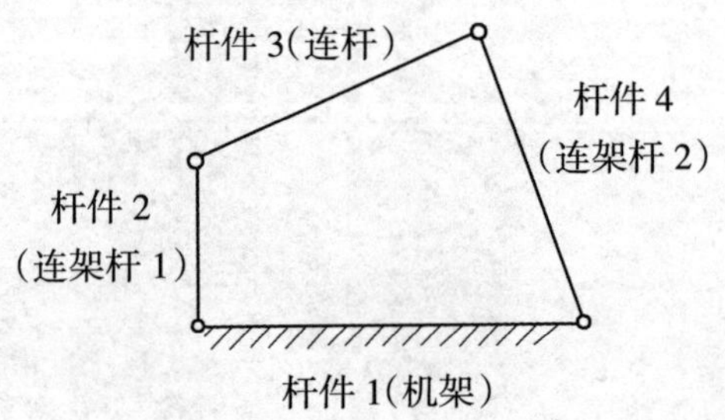

图 8-1　铰链四杆机构

二、铰链四杆机构的基本类型

如图 8-1所示，在铰链四杆机构中，固定不动的杆件 1 称为机架；不与机架相连的杆件 3 称为连杆；与机架相连的杆件 2、杆件 4 称为连架杆。

如果连架杆能做整周旋转，则称为曲柄；如果连架杆仅能在某一角度(小于 180°)范围内摆动，则称为摇杆。

铰链四杆机构按照两连架杆的运动形式不同，分为三种基本类型：曲柄摇杆机构、双曲柄机构和双摇杆机构。

1. 曲柄摇杆机构。

铰链四杆机构中的两个连架杆中，一个是曲柄，另一个是摇杆，这样的机构称为曲柄摇杆机构。应用实例如图 8-2 所示。

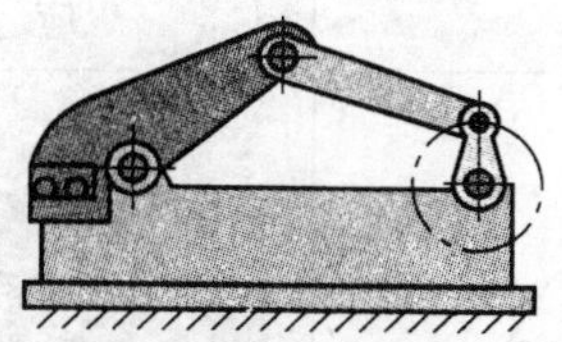

a)剪板机示意图

b)雷达天线

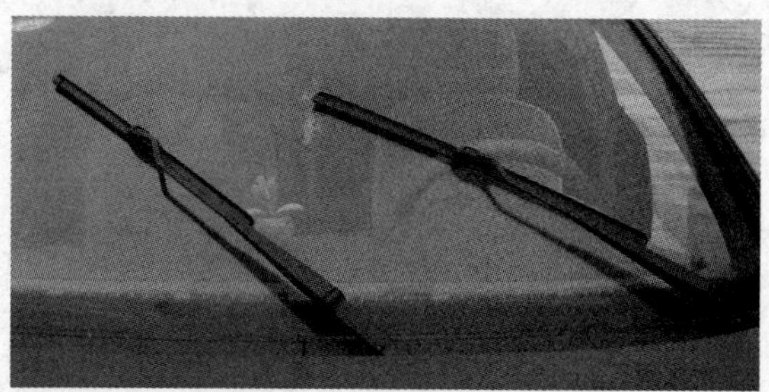

c)汽车雨刷

d)缝纫机踏板

图 8-2　曲柄摇杆机构的应用实例

2. 双曲柄机构。

铰链四杆机构中两连架杆均为曲柄的机构称为双曲柄机构。双曲柄机构又可分为不等长双曲柄机构、平行双曲柄机构和反向双曲柄机构。常见双曲柄机构类型见表 8-1。

表 8-1 常见双曲柄机构类型

类型	图示	应用示例	简要说明
不等长双曲柄机构	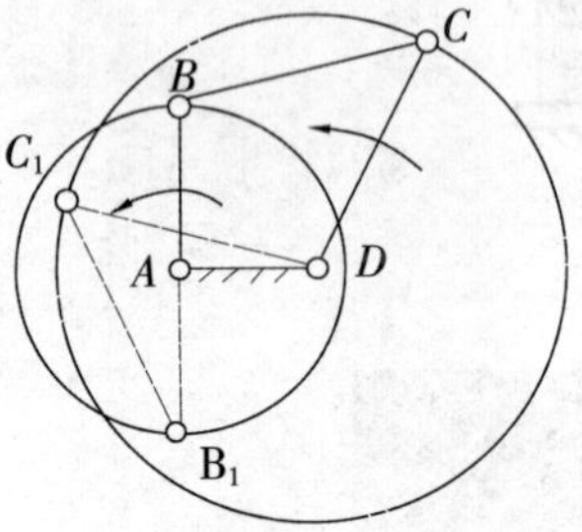 C B C₁ A D B₁		两曲柄长度不相等
平行双曲柄机构	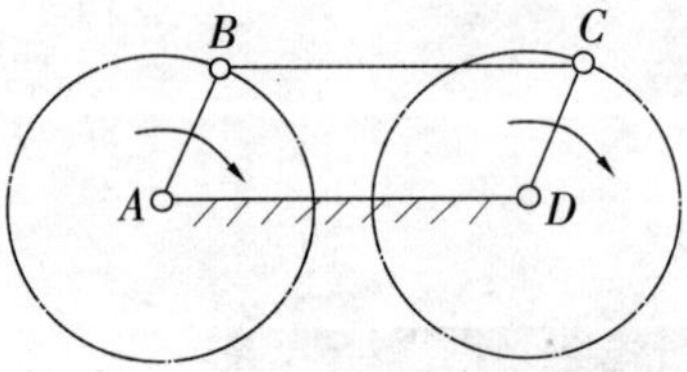 B C A D	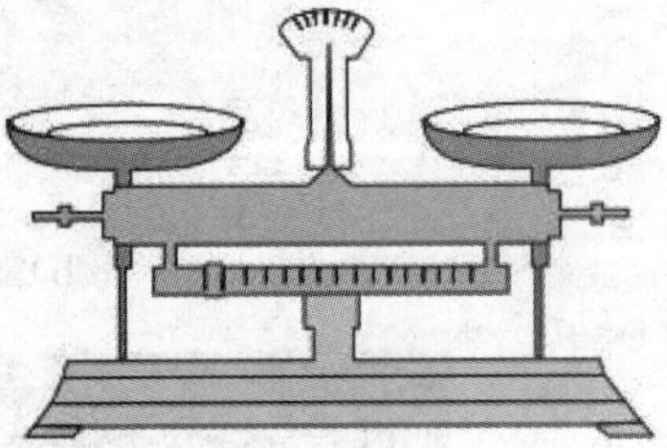	连杆与机架长度相等，两曲柄长度相等且转向相同
反向双曲柄机构	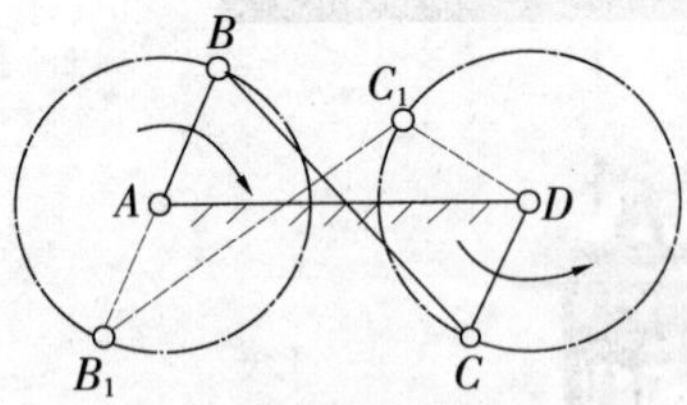 B C₁ A D B₁ C		连杆与机架长度相等，两曲柄长度相等，但两曲柄转向相反

3. 双摇杆机构。

在铰链四杆机构中两连架杆均为摇杆的机构称为双摇杆机构。如图 8–3 所示为双摇杆机构的应用实例。

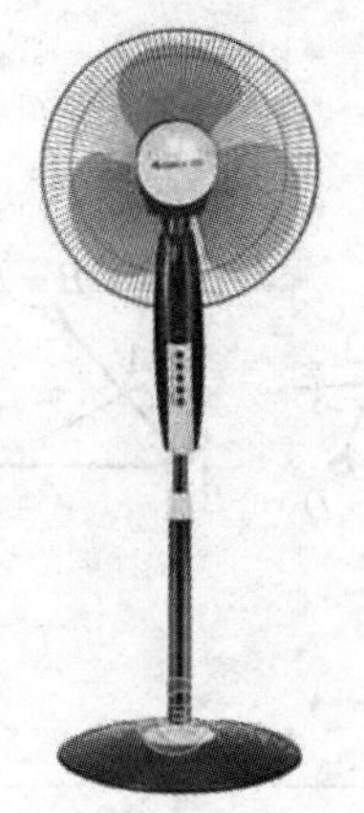

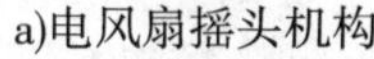
a)电风扇摇头机构

b)起重机机构

图 8–3　双摇杆机构应用实例

思考与练习

1. 根据______的不同，铰链四杆机构可分为__________、__________和__________三种基本类型。

2. 家用缝纫机踏板是________机构，是以__________为主动件的。

3. 铰链四杆机构中，固定不动的杆件称为_________；不与机架直接相连的杆件称为_________。

4. 试列举出日常生活、生产中的铰链四杆机构应用实例。

5. 试解释车门的启闭机构为何采用反向双曲柄机构？

课题二　铰链四杆机构的基本性质

一、曲柄存在的条件

曲柄是能做整周转动的连架杆，只有能做整周转动的构件才能用电动机等连续转动的设备来带动。若需铰链四杆机构中存在曲柄，则必须同时满足以下两个条件：

1. 最短杆与最长杆长度之和小于或等于其余两杆长度之和。

2. 连架杆和机架中必有一杆是最短杆。

铰链四杆机构中是否存在曲柄，判别方法见表 8–2。

表 8-2　铰链四杆机构三种基本类型的判别方法

类型	说明	图示
曲柄摇杆机构	连架杆之一为最短	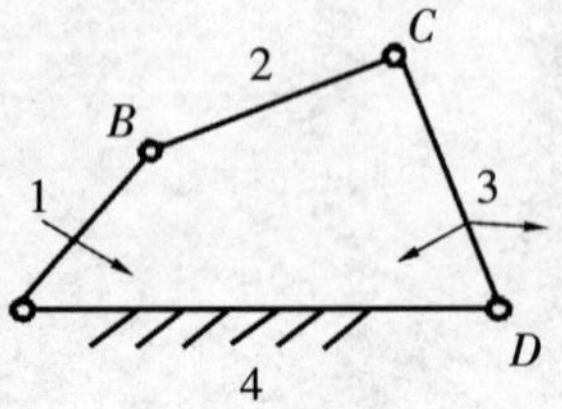 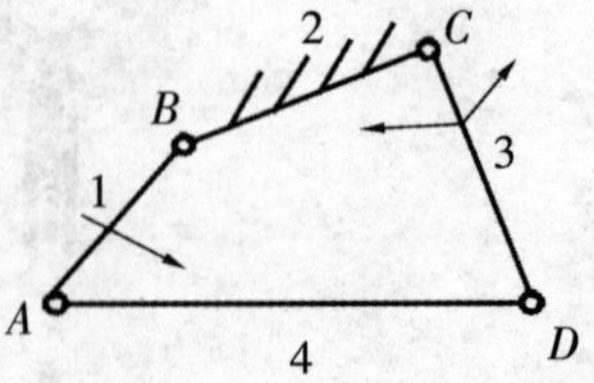 A B C D 1 2 3 4
双曲柄机构	机架为最短	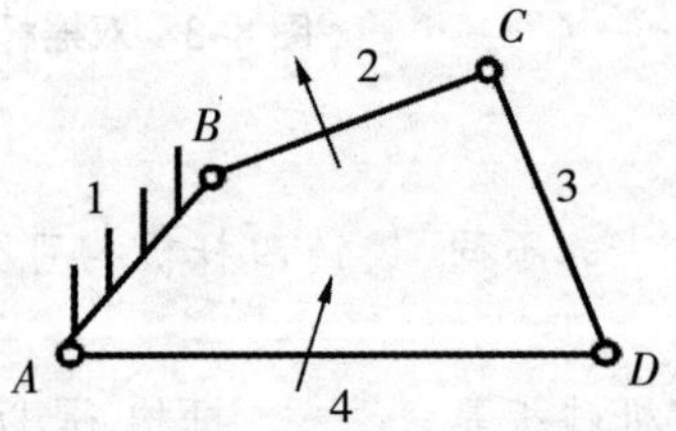 A B C D 1 2 3 4
双摇杆机构	连杆为最短	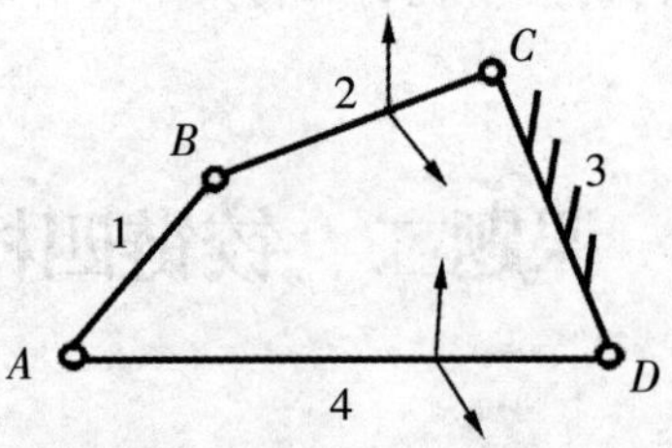 A B C D 1 2 3 4

注：L_{AD} 为最长杆，L_{AB} 为最短杆，且 $L_{AD}+L_{AB} \leqslant L_{BC}+L_{CD}$。

当最长杆与最短杆长度之和大于其余两杆长度之和时，无论取哪一杆为机架，机构均为双摇杆机构，如图 8-4 所示。

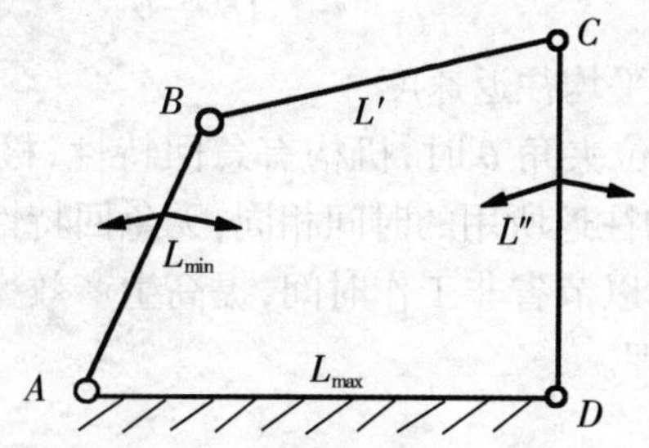

图 8-4 双摇杆机构

二、急回特性

在图 8-5 所示的曲柄摇杆机构中，当曲柄 AB 以等角速度连续转动，摇杆 CD 在 C_1D 和 C_2D 两位置间往复摆动，并且在 C_1D 和 C_2D 两极限位置时，曲柄与连杆共线，曲柄的两个对应位置所夹的锐角称为极位夹角，用 θ 表示。

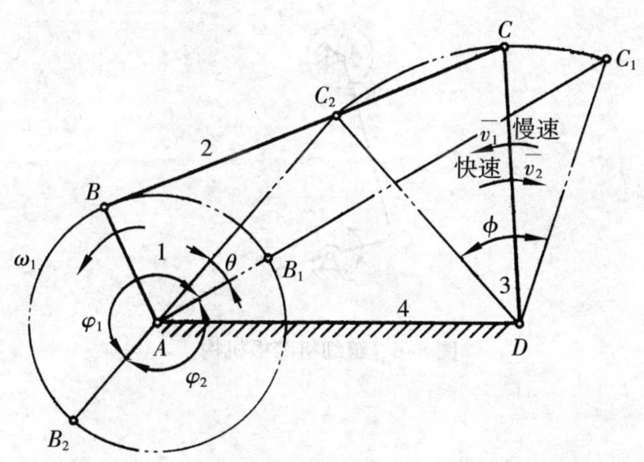

图 8-5 曲柄摇杆机构的急回特性

当曲柄沿逆时针方向等角速度连续转动时，由位置 AB_1 转到位置 AB_2，转角 $\varphi_1=180°+\theta$，摇杆由 C_1D 摆到 C_2D，所用的时间为 t_1；当曲柄由位置 AB_2 转到位置 AB_1 时，转角 $\varphi_2=180°-\theta$，摇杆由 C_2D 摆回到 C_1D，所用时间为 t_2。摇杆在摆去与摆回时所用时间不等，即 $t_1>t_2$，平均速度不等。通常情况下，摇杆由 C_1D 到 C_2D 的过程被用作机构从动件的工作行程，摇杆由 C_2D 摆到 C_1D的过程被用作从动件的空回行程。工作行程的平均速度($\overline{v_1}$)小于空回行程的平均速度($\overline{v_2}$)，机构的这种特性称为急回特性。

机构的急回特性可用 K 来表示，即：

$$K=\frac{\overline{v_2}}{\overline{v_1}}=\frac{t_1}{t_2}=\frac{180°+\theta}{180°-\theta}$$

式中$(\overline{v_1})$、$(\overline{v_2})$为摇杆的平均往返速度。

上式表明，当机构有极位夹角 θ 时，机构有急回特性；极位夹角 θ 越大，急回特性越明显；极位夹角 θ 为 0°时，机构往返所用的时间相同，无急回特性。

四杆机构的急回特性可以节省非工作时间，提高生产效率，如牛头刨床的退刀速度明显高于工作速度，就是这个道理。

三、死点位置

如图 8-6 所示的缝纫机踏板机构是以摇杆为主动件的曲柄摇杆机构，在使用过程中会出现卡死或运动不确定的现象。其原因如图 8-7 所示，摇杆 CD 为主动件，曲柄 AB 为从动件。当摇杆摆动到极限位置 C_1D 或 C_2D 时，连杆 BC 与从动曲柄 AB 共线，则主动件摇杆 CD 通过连杆 BC 传递给从动曲柄 AB 上的力将经过从动件 AB 的铰链中心 A，从而使驱动力对从动曲柄 AB 的回转力矩为零，使得机构转不动或出现运动方向不确定的现象，我们把这种位置称为死点位置。

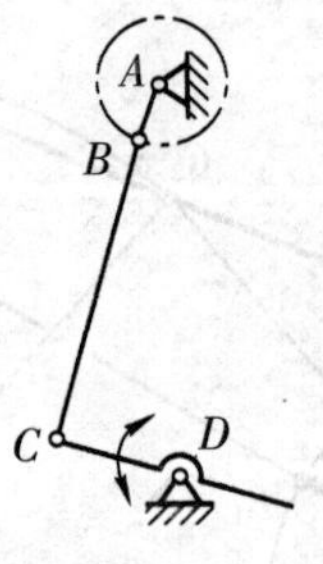

图 8-6　缝纫机踏板机构

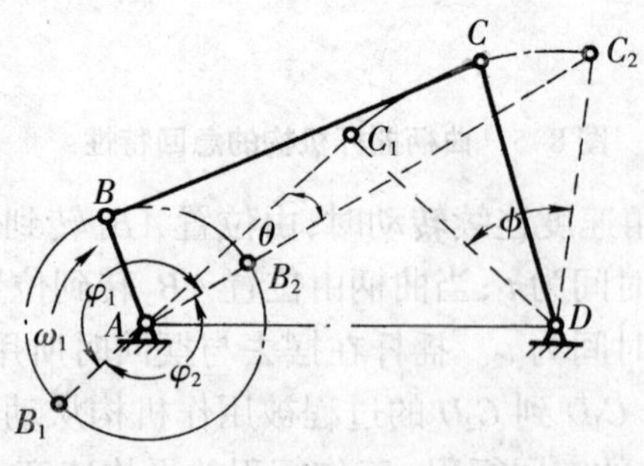

图 8-7　曲柄摇杆机构的死点位置

曲柄摇杆机构的死点位置在某些场合是有利的，如图 8-8 所示的钻床夹紧机构，如图 8-9 所示的飞机起落架机构。

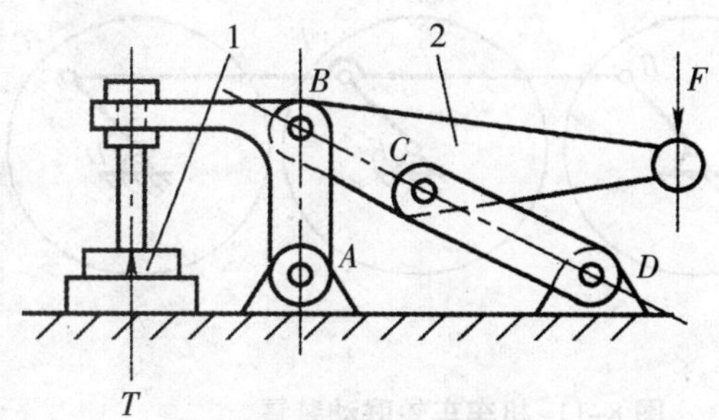

图 8-8 钻床夹紧机构

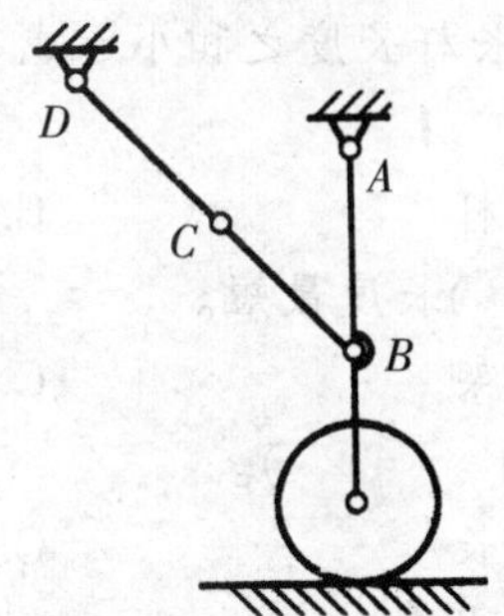

图 8-9 飞机起落架机构

但是，死点位置有时也是有害的，我们应设法克服。

让机构顺利通过死点位置的方法有：

1. 利用从动曲柄本身的质量或附加一转动惯性大的飞轮，依靠其惯性作用来导向通过死点位置，如手扶拖拉机上加装的大飞轮。

2. 采用多组机构错列，如图 8-10 所示的两组车轮的错列装置。

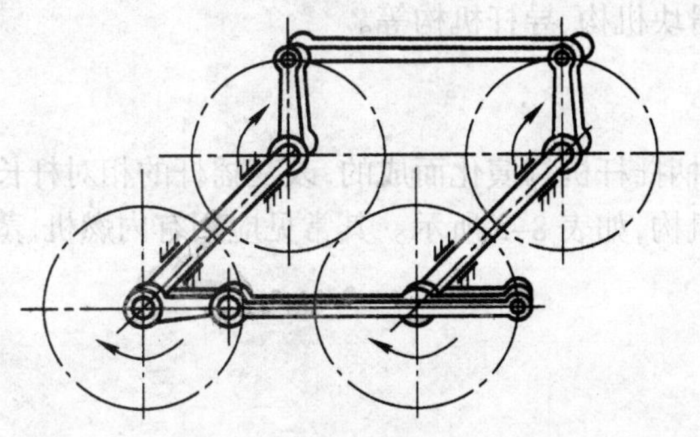

图 8-10 两组车轮的错列装置

3. 增设辅助构件,如图 8-11 所示的机车车轮联动装置。

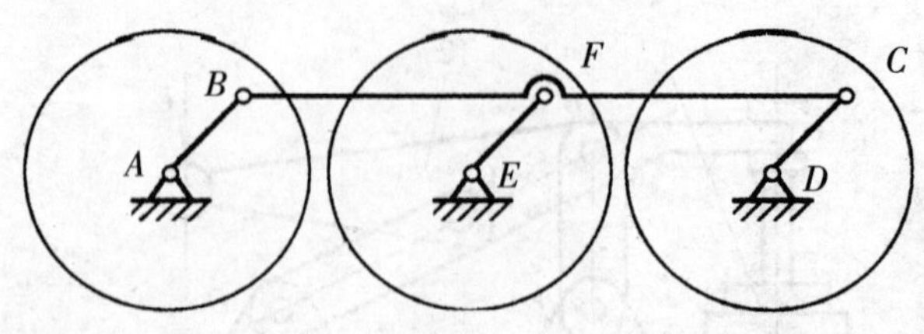

图 8-11 机车车轮联动装置

思考与练习

1. 铰链四杆机构中,最短杆与最长杆长度之和小于或等于其余两杆件的长度之和时,机构中一定有(　　　)。

A.曲柄　　　B.摇杆　　　C.连杆

2. 不等长双曲柄机构中,(　　　)长度最短。

A.曲柄　　　B.机架　　　C.连杆

3. 曲柄摇杆机构中,曲柄的长度(　　　)。

A.最短　　　B.最长　　　C.介于最短与最长之间

4. 飞机起落架应用了__________机构的__________特性。

5. 什么是铰链四杆机构的急回特性?举例说明急回特性在生产中有什么有利和不利之处。

课题三　铰链四杆机构的演化

在实际生产中,通过改变铰链四杆机构的某些构件形状、相对长度或选择不同构件作为机架,还可以演化为曲柄滑块机构、导杆机构等。

一、曲柄滑块机构

曲柄滑块机构是由曲柄摇杆机构演化而成的,改变摇杆的相对杆长,将转动副变为移动副,即可演化成曲柄滑块机构,如表 8-3 所示。其常见应用有内燃机、蒸汽机、往复式抽水机、空气压缩机、冲床等。

表 8-3　曲柄滑块机构的演化

简　图	说　明
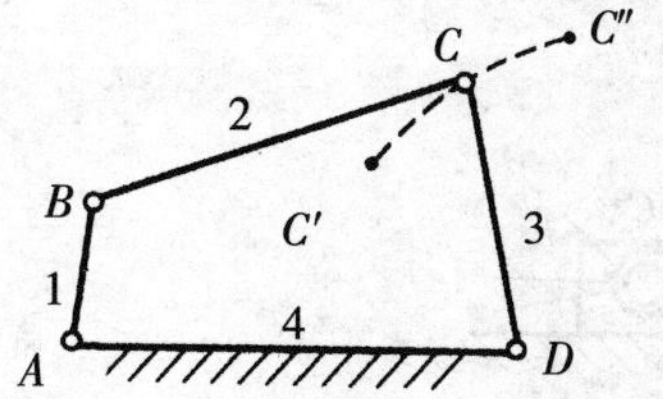 C C″ 2 B C′ 3 1 4 A D	机构中，1 为曲柄，3 为摇杆，C 点的轨迹是以 D 为中心、杆长 CD 为半径的圆弧。
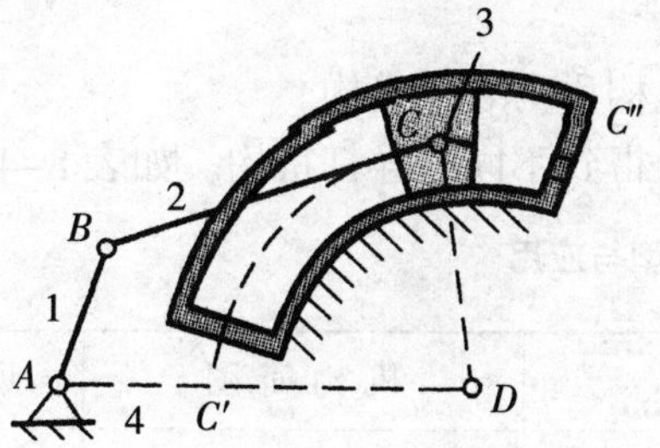 3 C C″ 2 B 1 A 4 C′ D	在机架 4 上制作一同样轨迹的圆弧槽，并将摇杆 3 做成弧形滑块置于槽中滑动。此时，弧形滑块在圆弧槽中的运动完全等同于转动副 D 的作用，圆弧槽的圆心即相当于摇杆 3 的摆动中心 D，其半径相当于摇杆 3 的长度 CD。
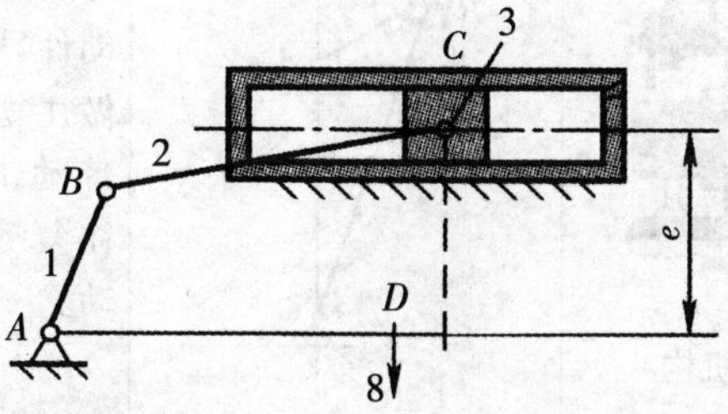 3 C 2 B e 1 D A ∞	将圆弧槽的半径增加至无穷大，其圆心 D 移至无穷远处，则圆弧槽变成了直槽，置于其中的滑块 3 做往复直线运动，转动副演化成移动副。e 为曲柄回转中心 A 到过 C 点直槽中心线的距离，称为偏距。当 $e \neq 0$ 时，称为偏置曲柄滑块机构。
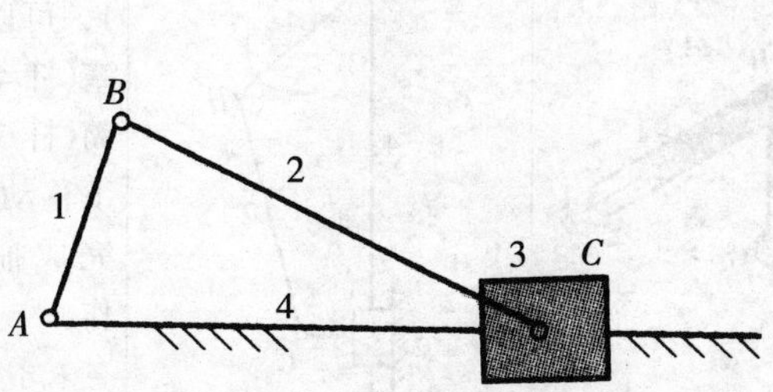 B 2 1 3 C A 4	当 e=0 时，称为对心曲柄滑块机构。 当曲柄摇杆机构演化为含有一个移动副的四杆机构，称为曲柄滑块机构。

在曲柄滑块机构中，当曲柄较短时，就可用一个旋转中心与几何中心不重合的偏心轮代替曲柄，构成偏心轮机构，如图 8–12 所示。偏心轮机构常用于受力较大且滑块行程较小的冲床、剪床、颚式破碎机等机械中。

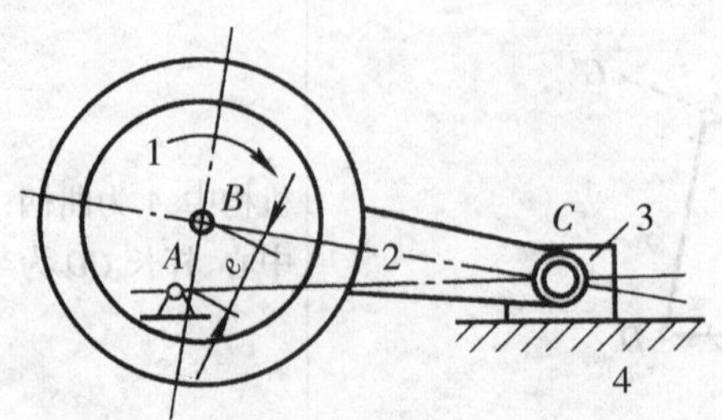

图 8–12　偏心轮机构

二、导杆机构

连架杆中至少有一个构件为导杆的平面四杆机构称为导杆机构。

在曲柄滑块机构中，选取不同构件为机架时，会得到不同的导杆机构。如表 8–4 所示。

表 8–4　导杆机构类型与应用

导杆机构类型	应用实例	机构简图	说　明
摆动导杆机构	牛头刨床主运动机构		主动件 AB 做等速回转，从动件导杆 BC 做往复摆动，带动滑枕做往复直线运动。
移动导杆机构	手动抽水机构		扳动的手柄 1，可以使活塞(杆 4)在唧筒(杆 3)内上下移动，从而完成抽水动作。

续表 8-4

导杆机构类型	应用实例	机构简图	说 明
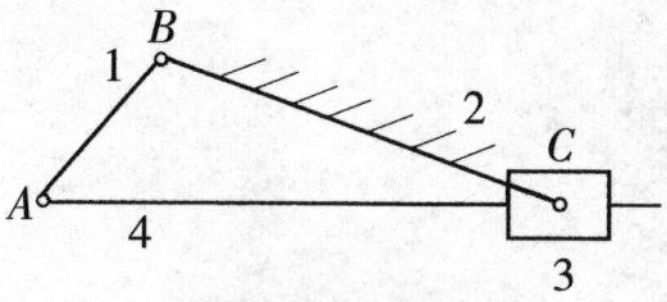 曲柄摇块机构	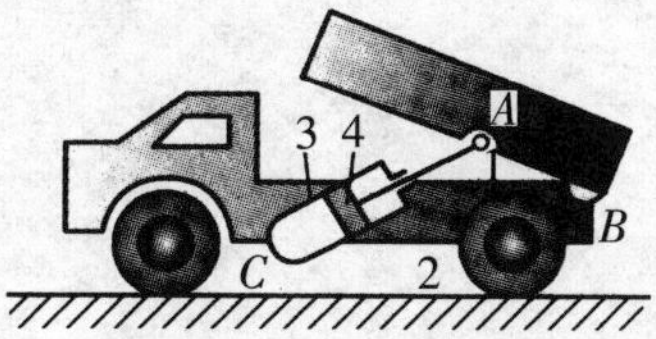 自卸汽车卸料机构	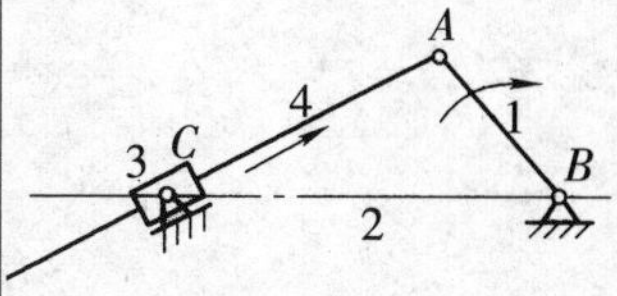	利用油缸(摇块3)的油压推动活塞(杆4)运动,迫使车箱(杆1)绕B点翻转,物料便自动卸下。

思考与练习

1. 什么是曲柄滑块机构?它是由什么机构演化而成的?什么情况下曲柄滑块机构存在死点位置?

2. 什么是导杆机构?演化为转动导杆机构和摆动导杆机构的条件是什么?

3. 分别以曲柄滑块机构为固定件时,可以演化成哪些机构?画出它们的机构简图。

综合练习

1. 在曲柄滑块机构中,若存在死点位置,则主动件为(　　)。

A.连杆　　B.机架　　C.滑块

2. 在曲柄滑块机构的实际应用中,往往用一个偏心轮代替(　　)。

A.滑块　　B.机架　　C.曲柄

3. 汽车雨刷采用的是(　　)机构。

A.双曲柄　　B.曲柄摇杆　　C.双摇杆

4. 在铰链四杆机构中,能相对机架做整周旋转的连架杆为(　　)。

A.连杆　　B.摇杆　　C.曲柄

5. 天平采用的是(　　)机构。

A.双曲柄　　B.曲柄摇杆　　C.双摇杆

6. 当曲柄摇杆机构出现死点位置时,可在从动曲柄上(　　)使其顺利通过死点位置。

A.加设飞轮　　B.减少阻力　　C.加大主动力

7. 在曲柄摇杆机构中，若以摇杆为主动件，则在死点位置时，曲柄的瞬时运动方向(　　　)。

A.按原运动方向　　B.按原运动方向的反方向　　C.不确定

8. 在曲柄滑块机构中,试回答在什么条件下,机构会产生死点位置。

9. 准备硬纸板、图钉,用硬纸板制作成四根长度为45、100、70、120(单位:mm)的杆件,顺次连接。试着变换杆件,看看能获得哪几种类型的铰链四杆机构。

模块九　凸轮机构

课题一　凸轮机构的分类和特点

一、凸轮机构概述

凸轮机构是凸轮、从动件和机架三部分组成的高副机构，如图 9-1 所示。凸轮是一个具有曲线轮廓或凹槽的构件，多为主动件，通常做等速连续转动；与凸轮保持接触的构件，称为从动件或推杆，做连续或间歇往复摆动、移动或平面复杂运动。从动件的运动规律完全取决于凸轮轮廓或沟槽的形状。

凸轮机构广泛应用于各种机械中。

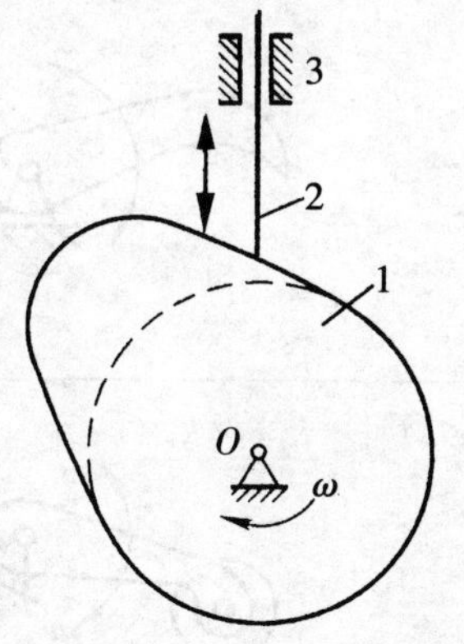

1.凸轮　2.从动件　3.机架

图 9-1　凸轮机构示意图

二、凸轮机构的类型

凸轮机构按凸轮的形状不同、从动件的形式不同，可分为多种类型，其分类及工作特点见表 9-1。

表 9-1 凸轮机构的分类

分类方法	类型	图例	特点
凸轮形状分类	盘形凸轮		径向轮廓曲线尺寸有变化,并能绕其轴线旋转的机构。结构简单,属于平面凸轮机构。常用于从动件行程或摆动量较小的机械中
	移动凸轮	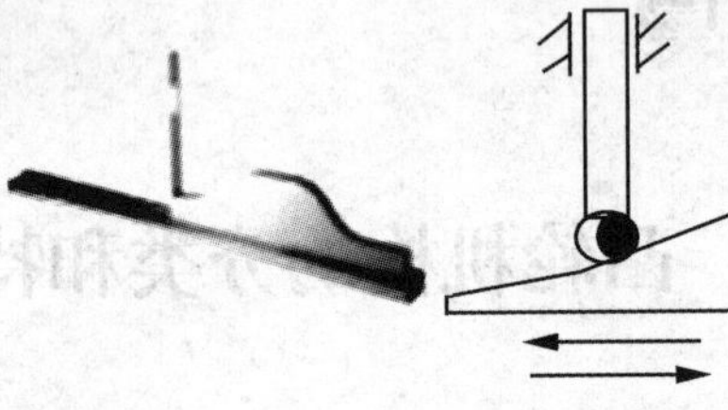	当盘形凸轮转动中心趋于无穷远时,仅做直线往复运动的凸轮机构。凸轮直线往复移动时,从动件做直线往复运动或摆动。常用于模仿性机械加工中
	圆柱凸轮	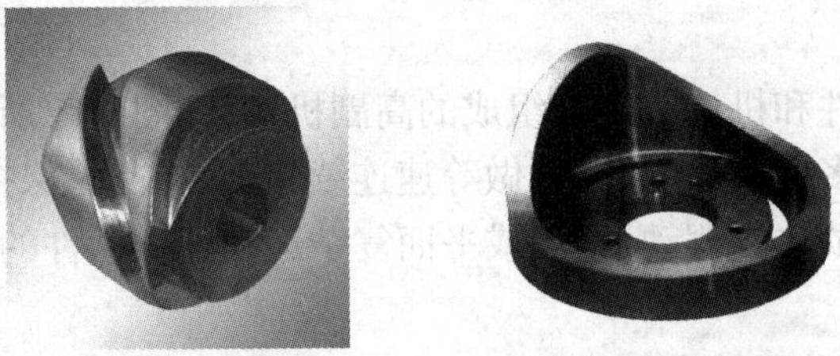	凸轮轮廓曲线位于圆柱面上并绕其轴线转动的凸轮机构,属于空间凸轮机构,从动件可以通过圆柱凸轮的直径而获得较大的行程。有端面凸轮和柱面凸轮
按从动件端部形状和运动形式分类	尖顶从动件		结构简单、紧凑,易磨损,承载能力小,可满足任意凸轮轮廓曲线,实现任意运动规律要求。有对心、偏置、移动和摆动之分。常用于传力小,速度低,动作灵敏的场合
	滚子从动件		滚子接触,磨损减小,承载能力较大。滚子不易润滑,不宜高速,但应用范围广
	平底从动件	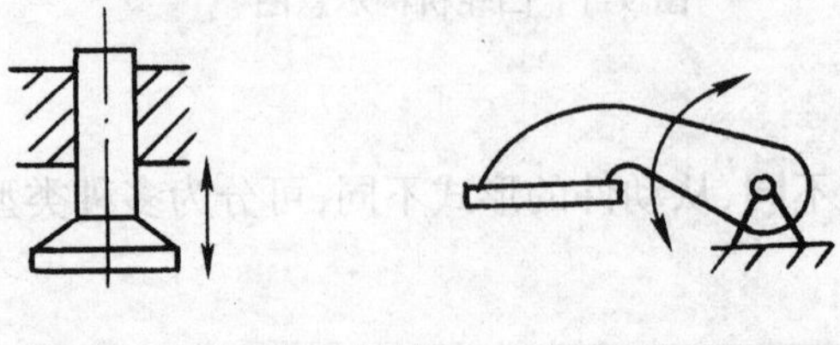	结构简单,制造容易,接触面间易形成油膜,易润滑,适用于高速。不能满足凸轮轮廓呈凹形,运动规律受到限制

三、凸轮机构的应用特点

1. 优点。

结构简单、紧凑、工作可靠，具有多用性和灵活性，可使从动件获得多种预期的运动规律，易实现自动控制。

2. 缺点。

凸轮与从动件间为高副接触（点或线），易磨损，凸轮轮廓加工较困难，只适用于传力不大的场合；从动件的行程不宜过大，否则会使凸轮尺寸变化过大，机构变得笨重；制造较复杂，轮廓精度要求较高。

思考与练习

1. 凸轮机构可分为哪几类？各有什么特点？
2. 凸轮机构分别有什么优点和缺点？
3. 凸轮机构工作时，凸轮轮廓与从动件之间必须始终_________。
4. 凸轮机构主要由__________、__________和__________三个基本构件所组成。
5. 凸轮机构中，凸轮为______。（主动件 从动件）

课题二 凸轮机构的工作过程及从动件运动规律

一、凸轮机构的工作过程

凸轮机构工作时，主动件凸轮做等速回转运动，从动件按“升—停—降—停”的运动循环做往复移动，如图 9-2a)所示，从动件位移线图，如图 9-2b)所示。其工作过程涉及的基本概念，见表 9-2。

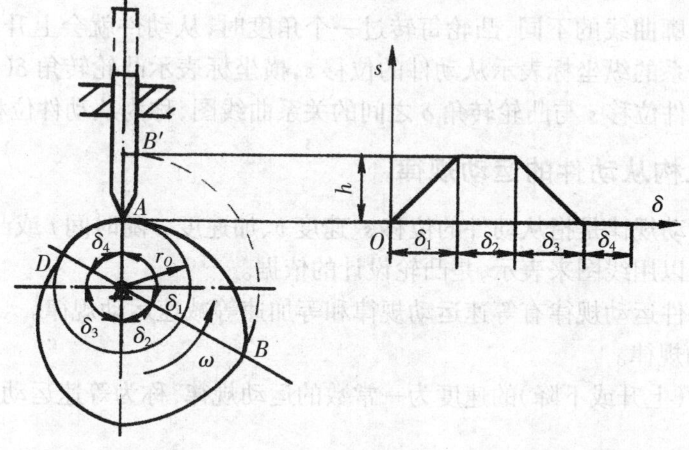

a) 凸轮机构工作过程　　b)从动件位移线图

图 9-2 凸轮机构工作原理

表 9–2 凸轮机构工作涉及的基本概念

概念	定义
基圆	以凸轮轮廓上最小半径 r_0 为半径所作的圆
基圆半径	即最小半径 r_0
行程	从动件上升或下降的最大距离 h
推程	从动件从最低点 A 上升到最高点 B' 的过程
推程运动角	与推程对应的凸轮转角 δ_1
远停程	从动件在静止不动时的最高位置
远停程角	与远停程对应的凸轮转角 δ_2
回程	从动件从最高点 B' 下降到最低点 A 的过程
回程运动角	与回程对应的凸轮转角 δ_3
近停角	从动件在静止不动时的最低位置
近停程角	与近停程对应的凸轮转角 δ_4

根据凸轮轮廓曲线的不同，凸轮每转过一个角度时，从动件就会上升或下降一定位移。如果用直角坐标系的纵坐标表示从动件的位移 s，横坐标表示凸轮转角 δ（也表示为时间 t），则可绘制出从动件位移 s 与凸轮转角 δ 之间的关系曲线图，称为从动件位移曲线图。

二、凸轮机构从动件的运动规律

从动件的运动规律是指从动件的位移 s、速度 v、加速度 a 随时间 t 或凸轮转角变化的规律。这种规律可以用线图来表示，是凸轮设计的依据。

常用的从动件运动规律有等速运动规律和等加速等减速运动规律。

1. 等速运动规律。

从动件运动（上升或下降）的速度为一常数的运动规律，称为等速运动规律。如表 9–3 所示。

表 9-3　等速运动规律位移 s、速度 v、加速度 a 线图表

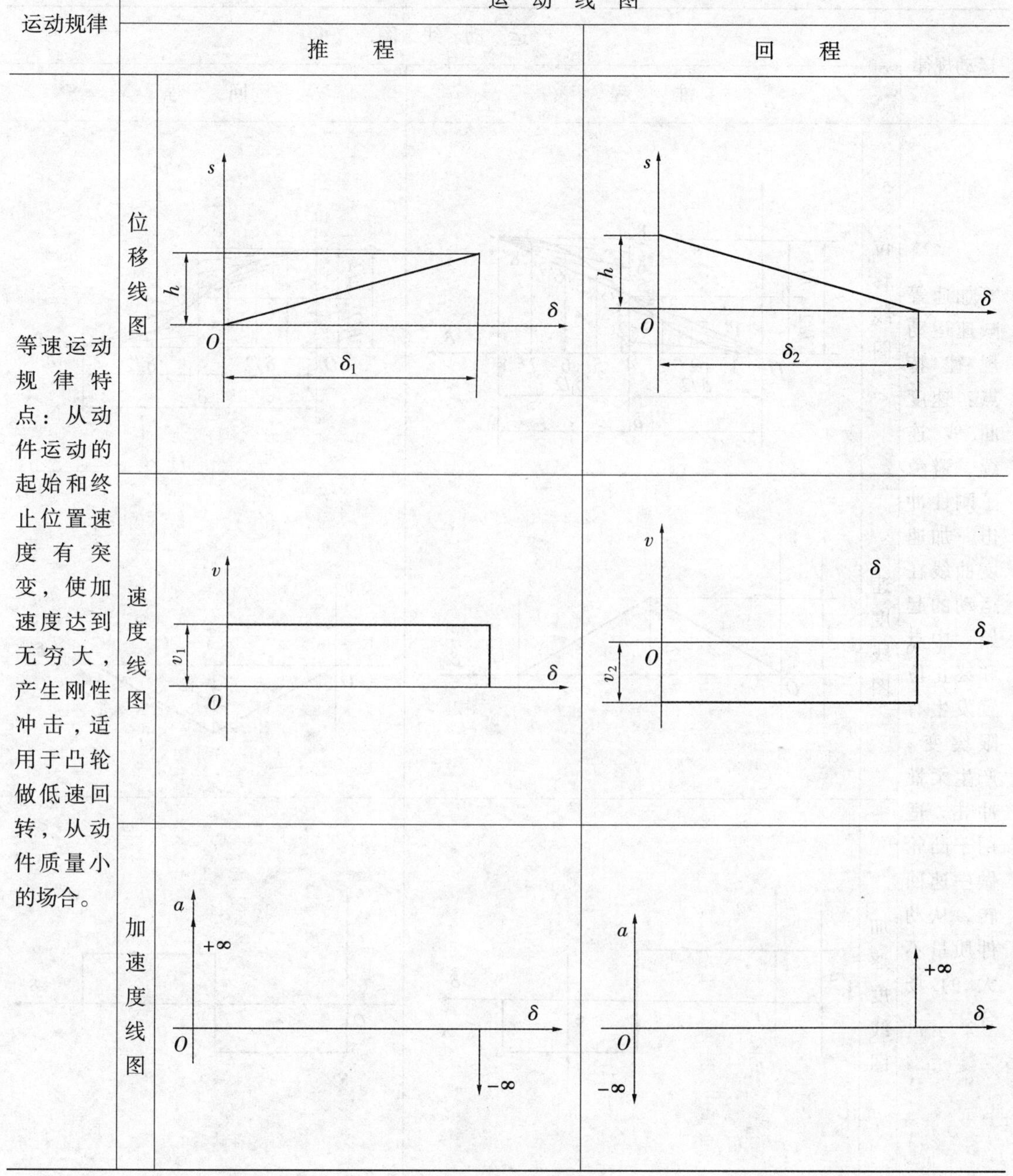

运动规律	运动线图		
		推　程	回　程
等速运动规律特点：从动件运动的起始和终止位置速度有突变，使加速度达到无穷大，产生刚性冲击，适用于凸轮做低速回转，从动件质量小的场合。	位移线图		
	速度线图		
	加速度线图		

2. 等加速等减速运动规律。

从动件在推程（或回程）中，先做等加速运动，后做等减速运动的运动规律称为等加速等减速运动规律，如表 9-4 所示。一般情况下，加速段和减速段的时间、位移相等，加速度的绝

对值也相等。

表 9–4　等加速等减速运动规律位移 s、速度 v、加速度 a 线图表

运动规律	运动线图		
		推　　程	回　　程
等加速等减速运动规律特点：速度曲线连续，避免了刚性冲击。加速度曲线在运动的起始、中点和终止位置发生有限突变，产生柔性冲击，适用于凸轮做中速回转，从动件质量不大的场合。	位移线图	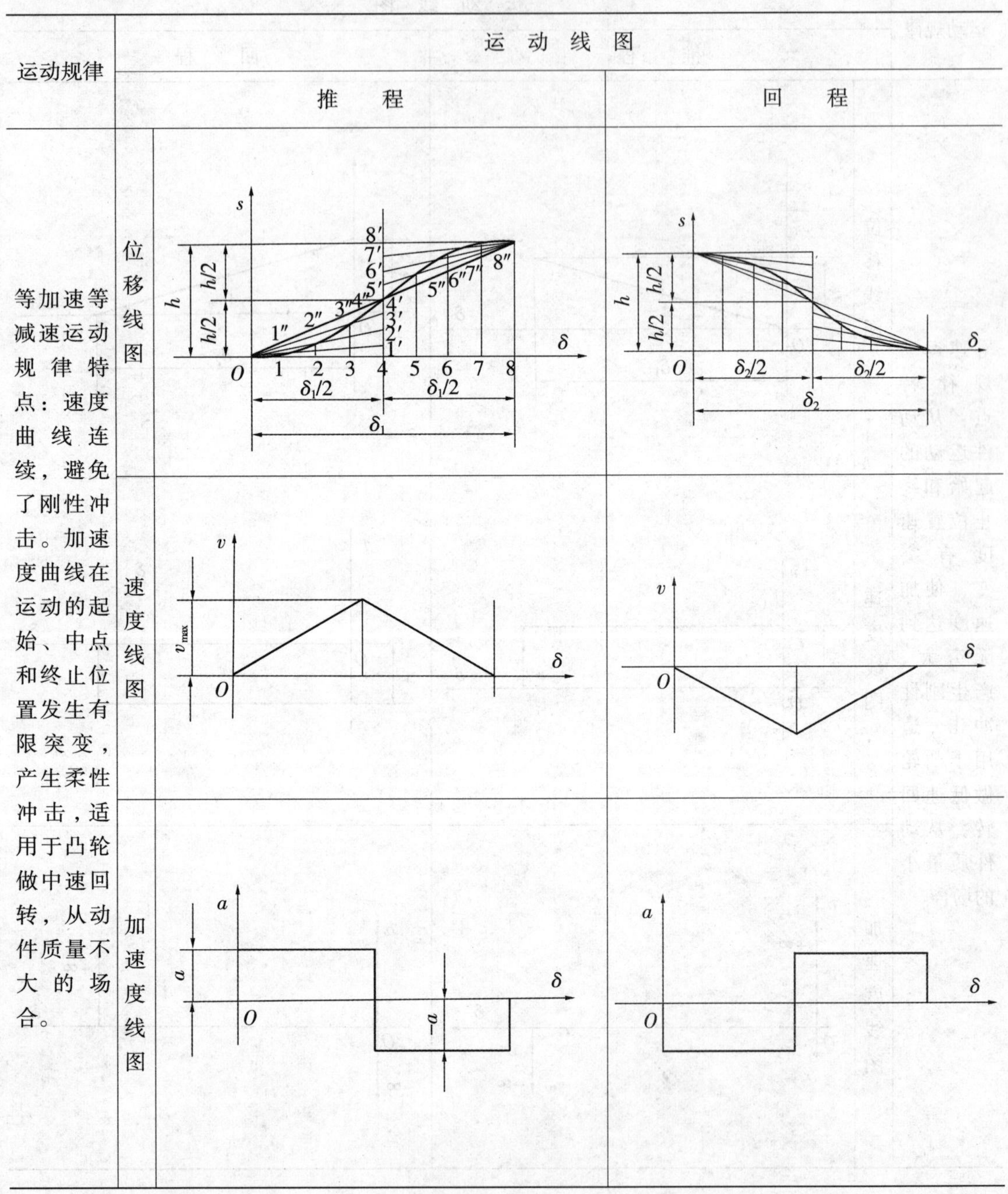	
	速度线图		
	加速度线图		

图 9–3 表示等加速等减速运动规律时的位移曲线画法：建立直角坐标系，在纵坐标上将行程 h 两等分，在横坐标上将凸轮的转角 δ_0 两等分。再将 $h/2$、$\delta_0/2$ 分为若干等分，如图 9–3

所示)，等分点为 1、2、3、4 和 1′、2′、3′、4′；将坐标原点 O 与 1、2、3、4 联结，连线为 $O1$、$O2$、$O3$、$O4$，它们分别与经过点 1′、2′、3′、4′所作的横坐标的垂线相交，将交点以光滑曲线连接，即得到等加速等减速运动规律的位移曲线图。等减速段的位移曲线画法相同，但曲线的弯曲方向相反。

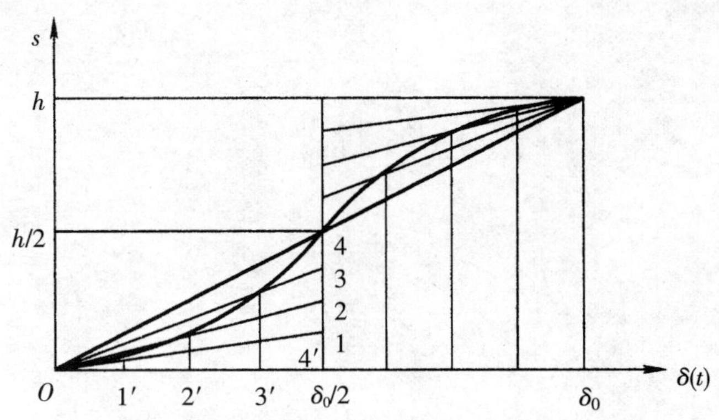

图 9–3 等加速等减速运动规律位移曲线画法

思考与练习

1. 简述等加速等减速运动规律时的位移曲线画法。

2. 等速运动从动件的位移曲线是什么形状?等速运动规律有什么特点?主要用于什么场合?

3. 等加速等减速运动规律的从动件位移曲线是什么形状？与等速运动规律相比有什么优点？适用于什么场合？

综合练习

1. 凸轮机构中，主动件通常做(　　　)。
   A.等速转动或移动　　B.变速转动　　C.变速移动
2. 凸轮机构中，(　　　)常用于高速传动。
   A.滚子从动件　　B.平底从动件　　C.尖顶从动件
3. 凸轮机构中，从动件构造最简单的是(　　　)。
   A.滚子从动件　　B.平底从动件　　C.尖顶从动件
4. 从动件做等速运动规律的位移曲线形状是(　　　)。
   A.抛物线　　B.斜直线　　C.双曲线
5. 从动件做等加速等减速运动的凸轮机构(　　　)。
   A.存在刚性冲击　　B.存在柔性冲击　　C.没有冲击

6. 凸轮机构中，按凸轮形状分类，凸轮有________、________和________三种。

7. 从动件的运动规律决定凸轮的________。

8. 凸轮机构常见的类型有哪些？简述其应用特点。

9. 一凸轮机构，凸轮转角为 0°~180°时，从动件等速上升 25 mm；转角为 180°~270°时，从动件等速下降至原位；转角为 270°~360°时，从动件停止。试绘制出从动件的位移曲线。

模块十　其他常用机构

课题一　变速机构

如图 10–1 所示为 XA6132 铣床外形图,图 10–2 为 XA6132 铣床主轴传动系统展开图。

图 10–1　铣床

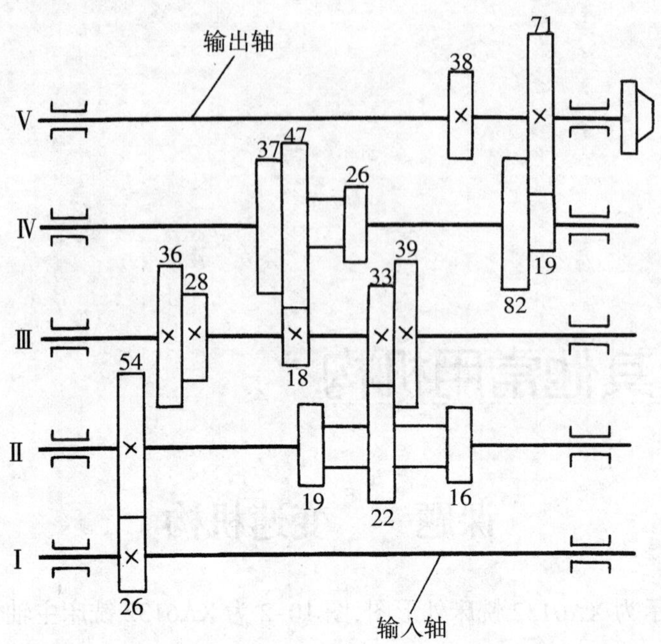

图 10-2 铣床主轴传动系统展开图

轴Ⅰ为输入轴，由转速 n=1 450 r/min 的电动机直接驱动，轴Ⅴ为输出轴，轴Ⅰ通过传动比为$\frac{26}{54}$的一对齿轮带动轴Ⅱ，使轴Ⅱ获得一种转速。轴Ⅱ上装有一组三联滑移齿轮，通过与轴Ⅲ上相应齿轮的啮合而带动轴Ⅲ，其传动比分别为$\frac{22}{33}$、$\frac{19}{36}$和$\frac{16}{39}$，使轴Ⅲ获得 3 种不同的转速。轴Ⅳ上也装有一组三联滑移齿轮与轴Ⅲ上相应齿轮啮合，其传动比分别为$\frac{39}{26}$、$\frac{28}{37}$和$\frac{18}{47}$，当轴Ⅲ有 3 种不同的转速时，轴Ⅳ上就能得到 3×3=9 种不同的转速。因轴Ⅳ的右方还装有另一组双联滑移齿轮，当它与主轴Ⅴ上相应的齿轮啮合时，其传动比分别为$\frac{82}{38}$和$\frac{19}{71}$，这样主轴就可获得 3×3×2=18 种不同的转速。其传动路线为：

$$\text{电动机}\rightarrow \mathrm{I} \rightarrow \frac{26}{54} \rightarrow \mathrm{II} \rightarrow \begin{bmatrix} \frac{22}{33} \\ \frac{19}{36} \\ \frac{16}{39} \end{bmatrix} \rightarrow \mathrm{III} \rightarrow \begin{bmatrix} \frac{39}{26} \\ \frac{28}{37} \\ \frac{18}{47} \end{bmatrix} \rightarrow \mathrm{IV} \rightarrow \begin{bmatrix} \frac{82}{38} \\ \frac{19}{71} \end{bmatrix} \rightarrow \mathrm{V}\text{（主轴）}$$

由此可知，铣床主轴箱的变速机构能使主轴得到多种不同的转速。我们把这种在输入轴转速不变的条件下，使输出轴获得不同转速的传动装置称为变速机构。变速机构常用于汽车、机床、起重机等。

变速机构分为有级变速机构和无级变速机构。

一、有级变速机构

有级变速机构是指在输入转速不变的条件下，使输出轴获得一定的转速级数。除上面介绍的滑移齿轮变速机构外，常用的有级变速机构还有塔齿轮变速机构、倍增变速机构和拉键变速机构等。见表 10–1。

表 10–1 有级变速机构的工作原理及特点

类型	简图	工作原理	特点
滑移齿轮变速机构		轴Ⅱ、轴Ⅳ上分别安装齿数为 19–22–16、32–47–26 的三联滑移齿轮和齿数为 82–19 的双联滑移齿轮。改变滑移齿轮的啮合位置，可改变轮系的传动比，达到变速的目的	变速可靠，传动比准确，但零件种类和数量多，变速时有噪声
塔齿轮变速机构	1.主动轴 2.导向键 3.中间齿轮支架 4.中间齿轮 5.拨叉 6.滑移齿轮 7.塔齿轮 8.从动轮 9 和 10.离合器 11.丝杠 12.光杠齿轮 13.光杠	在从动轮上，八个排成塔形的固定齿轮组成塔齿轮。主动轴上滑移齿轮和拨叉沿导向键可在轴上滑动，并通过中间齿轮可与塔齿轮中任意一个齿轮啮合，将主动轴的运动传递给从动轴	机构的传动比与塔齿轮的齿数成正比，是一种容易实现传动比为等差数列的变速机构，应用于车床的进给箱等

续表 10-1

类型	简图	工作原理	特点
倍增变速机构	28 48 Ⅲ 输出轴 35 15 45 Ⅱ 28 18 Ⅰ 输入轴	轴Ⅰ、轴Ⅲ上装有双联滑移齿轮，轴Ⅱ上装有三个固定齿轮，改变滑移齿轮的位置可得到四种传动比：1/8、1/4、1/2、1	传动比按 2 的倍数增加
拉键变速机构	z_2 z_4 z_6 z_8 1 2 4 3 z_1 z_3 z_5 z_7 1.弹簧键 2.从动套筒轴 3.主动轴 4.手柄轴	在主动轴上固联齿轮 z_1、z_3、z_5、z_7，在从动套筒上空套齿轮 z_2、z_4、z_6、z_8。手柄轴插入从动套筒轴中，手柄前端的弹簧键可从套筒轴的键槽中弹出，嵌入任意一个空套筒齿轮的键槽中，从而将主动轴的运动通过齿轮副和弹簧键传递给从动轴	结构紧凑，但拉键的刚度低，不能传递较大的扭矩

有级变速机构的特点是：可以实现在一定转速范围内的分级变速，具有变速可靠、传动比准确、结构紧凑等优点，但高速回转时不平稳，变速时有噪声。

二、无级变速机构

机械无级变速机构主要依靠摩擦轮（或摩擦盘、球、环等）传动原理，通过改变主动件和从动件的传动半径，使输出轴的转速在一定范围内连续变化来传递不同大小的扭矩。

常见的传动类型有滚子平盘式无级变速机构、锥轮—端面盘式无级变速机构、分离锥轮式无级变速机构。见表 10-2。

表 10–2　无级变速机构的工作原理及特点

类型	简　图	工　作　原　理	特　点
滚子平盘式无级变速机构	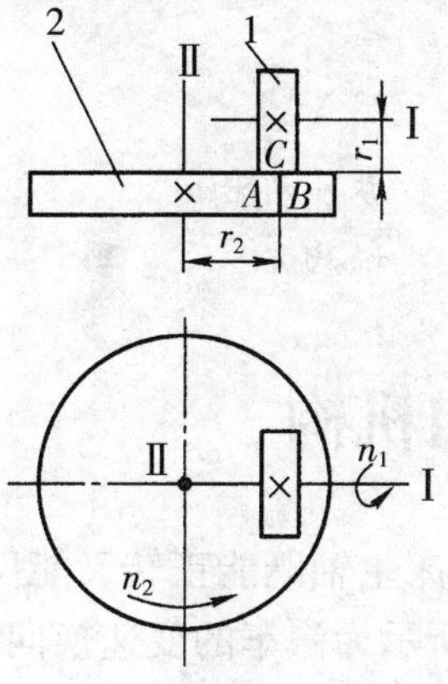 1.滚子　2.平盘	主动轮、从动轮靠接触处产生的摩擦力传动，传动比 $i=r_2/r_1$。若将滚子沿轴向移动，r_2 改变，传动比改变。由于 r_2 可在一定范围内任意改变，所以从动轴Ⅱ可以获得无级变速	结构简单，制造方便，但存在较大的相对滑动，磨损严重
锥轮—端面盘式无级变速机构	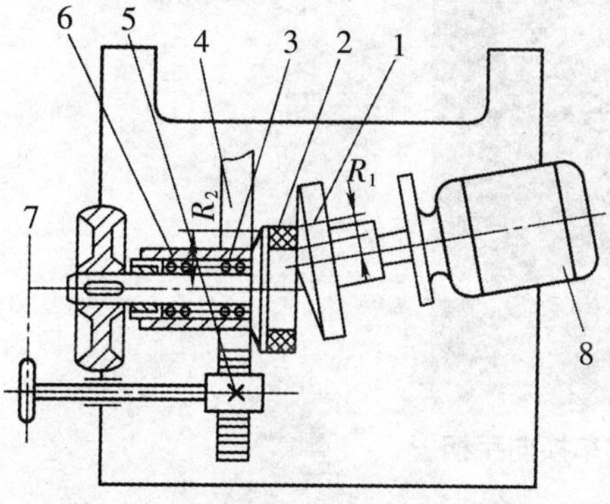 1.锥轮　2.端面盘　3.弹簧　4.齿条　5.齿轮　6.支架　7.链轮　8.电动机	锥轮 1 安装在轴线倾斜的电动机轴上，端面盘 2 安装在底板支架 6 上，弹簧 3 的作用力使其与锥轮 1 的锥面紧贴。转动齿轮 5 使固定在底板上的齿条 4 连同支架 6 移动，从而改变锥轮 1 与端面盘 2 的接触半径 R_1、R_2，获得不同的传动比，实现无级变速的要求	传动平稳，噪声低，结构紧凑，变速范围大
分离锥轮式无级变速机构	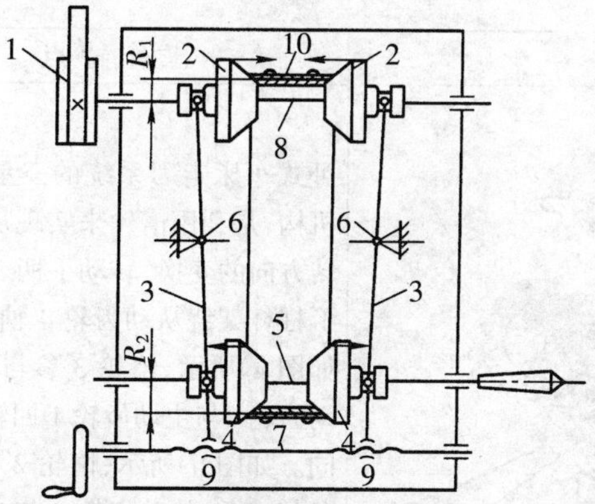 1.带轮　2 和 4.锥轮　3.杠杆　5.从动轴　6.支架　7.螺杆　8.主动轴　9.螺母　10.传动带	两对可滑移的锥齿轮 2 和 4 分别安装在主动轴、从动轴上，并用杠杆 3 连接，杠杆 3 以支架 6 为支点。两对锥轮间利用带传动。转动手轮（螺杆 7），两个螺母反向移动（两段螺纹旋向相反），使杠杆 3 摆动，从而改变传动带 10 与锥轮 2 和 4 的接触半径，达到无级变速的要求	运转平稳，变速可靠

无级变速机构具有结构简单、运转平稳、易于平缓连续的变速，能更好地适应各种机械的工况要求等优点。其缺点是承受过载和冲击的能力较差，不能满足严格的传动比要求，且传动比在实际应用中均须限制在一定范围内。

思考与练习

1. 在普通车床的进给箱中，为什么通常采用塔齿轮变速机构？
2. 观察和分析车床、铣床等设备中采用了哪种变速机构？

课题二 换向机构

汽车、拖拉机等机器不但能前进而且能后退，机床主轴既能正转又能反转。这些运动形式的改变通常是由换向机构来完成的。如图 10–3 所示为汽车的变速换向手柄，它可控制汽车前进或后退。

图 10–3 汽车换向手柄

在主动轴旋转方向不变的条件下，可以改变从动轴旋转方向的机构，称为换向机构。常见的换向机构有三星轮换向机构和离合器锥齿轮换向机构等，见表 10–3。

表 10–3 常见换向机构类型和工作特点

类型	简 图	工 作 特 点
三星轮换向机构	a) b) 1.主动齿轮 2 和 3.惰轮 4.从动齿轮	卧式车床走刀系统的三星轮换向机构，是利用惰轮来实现从动轴回转方向的变换。转动手柄 A 使三角形杠杆架绕从动齿轮 4 轴线回转，如图 a）所示，惰轮 3 参与啮合，从动齿轮 4与主动齿轮 1 回转方向相同。如图 b）所示，惰轮 2 和惰轮 3 参与啮合，从动齿轮 4 与主动齿轮 1 回转方向相反

续表 10-3

类型	简　图	工　作　特　点
离合器锥齿轮换向机构	1.主动锥齿轮　2 和 4.从动锥齿轮　3.离合器	主动锥齿轮 1 与空套在轴Ⅱ上的从动锥齿轮 2 和 4 啮合，离合器 3 与轴Ⅱ以花键连接。当离合器向左移动与轮 4 接合时，从动轴的转向与轮 4 相同；当离合器向右移动与轮 2 接合时，从动轴的转向与轮 2 相反

思考与练习

1. 什么是换向机构？常用的换向机构有哪些？
2. 举例说明换向机构在日常生活中的应用。

课题三　间歇运动机构

在机械加工、物料运送、自动生产等过程中，为了实现周期性的运动和停歇，需要把主动件的连续运动转换成从动件有规律的运动和停歇的机构，称为间歇运动机构。如图 10-4 所示为牛头刨床工作台的进给运动和电影放映机的卷片机构等。

常见的间歇运动机构有棘轮机构、槽轮机构和不完全齿轮机构等。

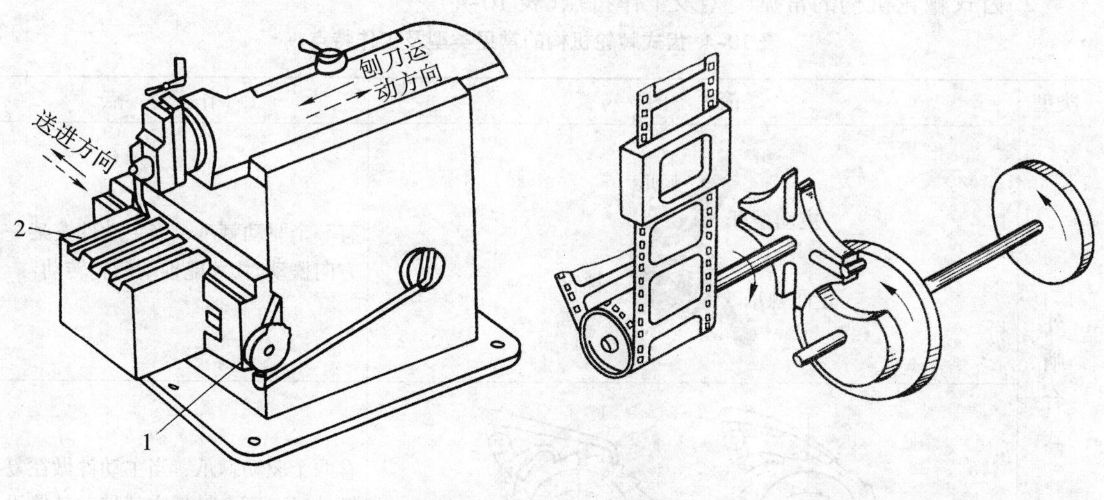

a)牛头刨床工作台的进给运动　　b)电影放映机的卷片机构

图 10-4 间歇运动机构

一、棘轮机构

图 10–4a)中，1 为棘轮机构，2 为工作台。其中棘轮机构的作用是将摇臂齿轮轴的旋转运动间歇的传递给横梁内的水平进给丝杠，使工作台在水平方向做自动进给。

棘轮机构分为齿式棘轮机构和摩擦式棘轮机构。

1. 齿式棘轮机构的组成和工作原理。

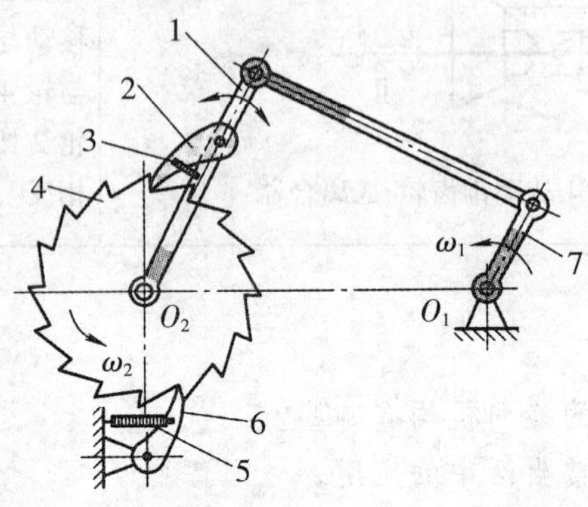

1.摇杆 2.棘爪 3 和 5.弹簧 4.棘轮 6.止回棘爪 7.曲柄

图 10–5 齿式棘轮机构的组成

如图 10–5 所示，棘轮机构主要由棘轮、棘爪、止回棘爪和机架等组成。当主动摇杆逆时针摆动时，摇杆上铰接的主动棘爪插入棘轮的齿内，推动齿轮同向转动一定角度。当主动摇杆顺时针摆动时，止回棘爪阻止棘轮反向转动，此时主动棘爪滑回原位。弹簧的作用是将止回棘爪压紧齿面，保证止回棘爪工作可靠。如此反复，将主动件的往复摆动转换为从动件的单向间歇转动。

2. 齿式棘轮机构的常见类型及工作特点(表 10–4)。

表 10–4 齿式棘轮机构的常见类型及工作特点

类型	简 图	工 作 特 点
外啮合式	棘爪 主动摆杆 棘轮 止回棘爪	有一个驱动棘爪，当主动件按某一方向摆动时，才能推动棘轮转动
	a)直棘爪 b)钩头棘爪 双动式棘轮机构	有两个驱动棘爪，当主动件做往复摆动时，两个棘爪交替带动棘轮沿同一方向做间歇运动

续表 10-4

类型	简　图	工　作　特　点
内啮合式	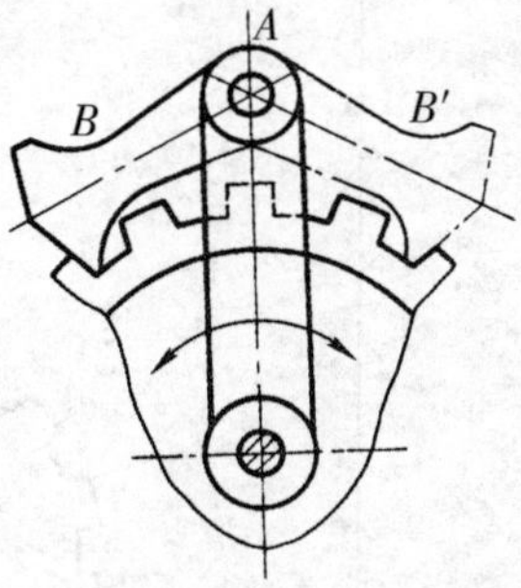 可变向式棘轮机构	有一个驱动棘爪，但此棘爪可绕自身轴线翻转 180°。当在 AB 位置时，推动棘轮做逆时针方向旋转；翻转到 AB' 位置时，推动棘轮做顺时针方向旋转
	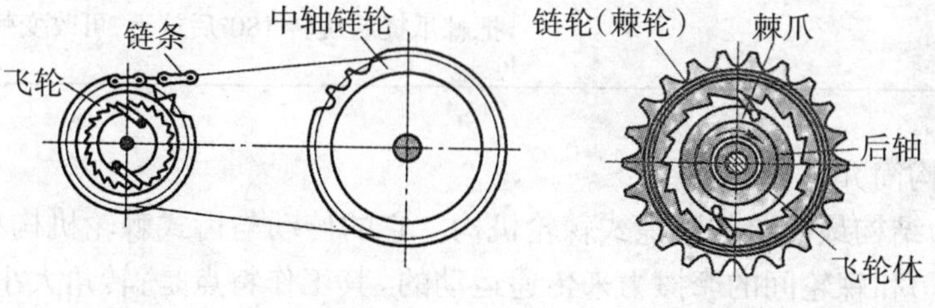 自行车后轴上的“飞轮”	因链轮有圈棘齿，棘爪安装在后轴上。当链条带动链轮转动时，链轮内侧的棘爪带动后轴转动，驱动自行车前进；当自行车下坡或脚不蹬踏板时，链轮不动，但在惯性的作用下，后轴仍按原方向转动，此时，棘爪在棘轮齿背上滑过，自行车继续前进

3. 棘轮转角的调节和转向的调整。

在棘轮机构中，根据工作需要，可以调节棘轮的转角，调整棘轮的转向。方法见表 10-5。

表 10-5　棘轮转角的调节和转向的调整

类型	简　图	简　图
转角的调节	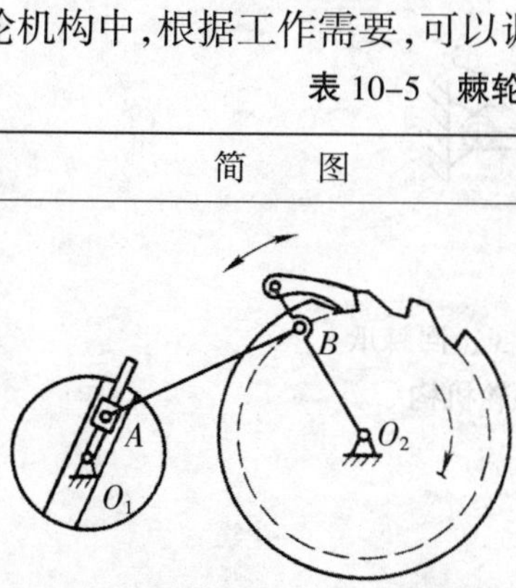 通过调节曲柄摇杆机构中曲柄 O_1A 的长度来改变摇杆的摆角，从而调节棘轮的转角	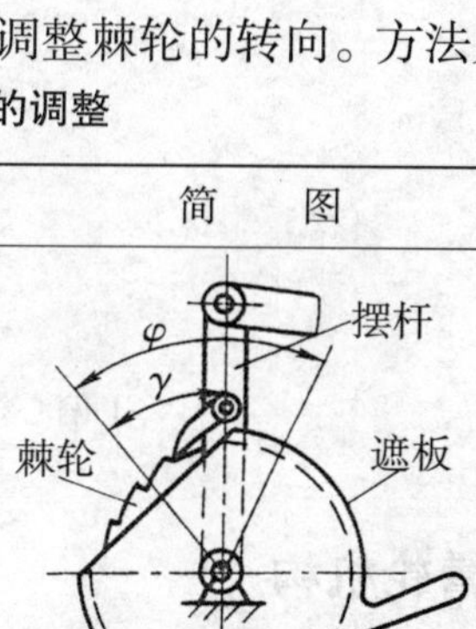 摆杆和摆角不变，通过调节遮板的位置来改变遮齿的多少，以调节棘轮的转角

续表 10-5

类型	简　图	简　图
转向的调节	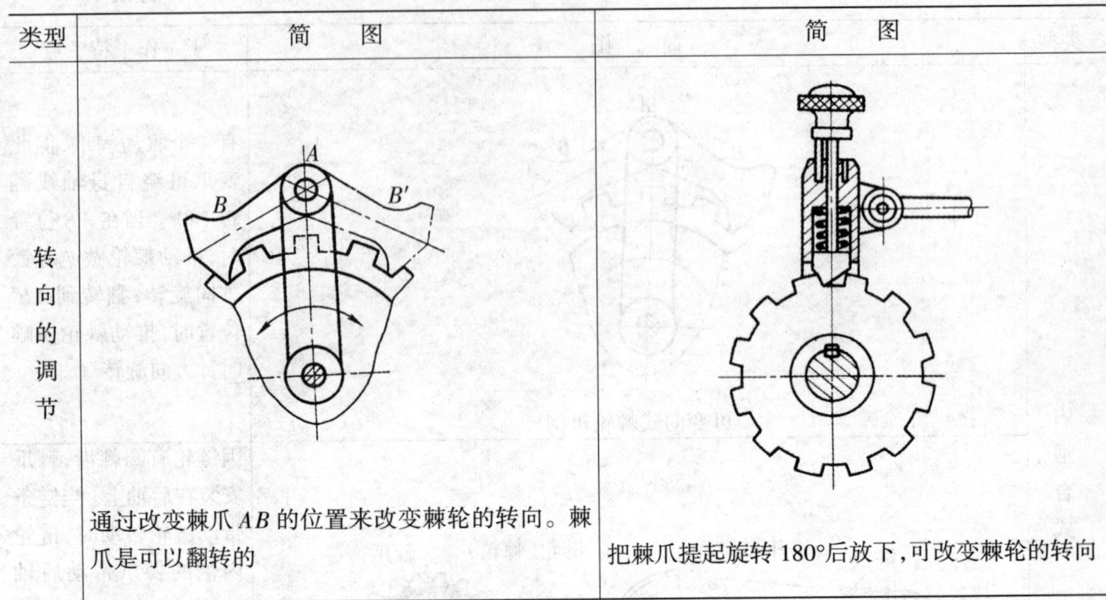 通过改变棘爪 AB 的位置来改变棘轮的转向。棘爪是可以翻转的	把棘爪提起旋转 180°后放下，可改变棘轮的转向

4. 摩擦式棘轮机构简介。

如图 10-6 所示为结构最简单的摩擦式棘轮机构。它的传动与齿式棘轮机构相似，但它是依靠偏心楔块（棘爪）和棘轮间的摩擦力来传递运动的。其工作特点是：转角大小的变化不受轮齿的限制，可在一定范围内任意调节转角，传动噪声小，但在传递较大载荷时可产生滑动。

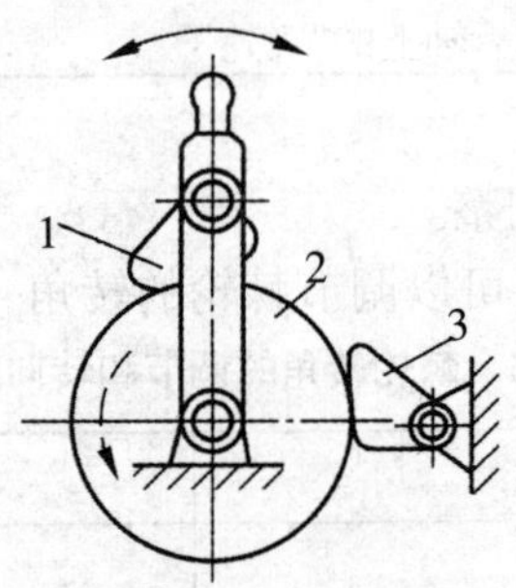

1.偏心楔块（棘爪） 2.棘轮 3.止回棘爪

图 10-6 摩擦式棘轮机构

二、槽轮机构

槽轮机构也可实现间歇运动。

1. 槽轮机构的组成和工作原理。

如图 10-7 所示，槽轮机构主要由带圆销的拨盘、槽轮和机架组成。当主动件拨盘转动时，圆销由 a)所示位置进入槽轮的槽中，拨动槽轮转动，然后在 b)所示位置脱离槽轮，槽轮因其凹弧被拨盘的凸弧止住而静止。

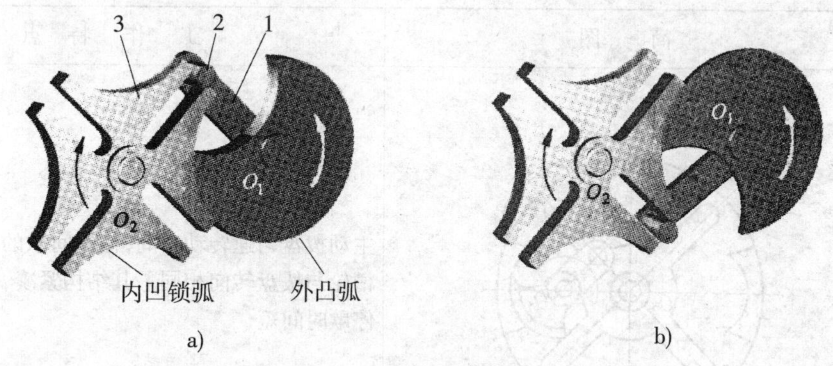

1.拨盘 2.圆销 3.槽轮

图10–7 槽轮机构工作原理

2. 槽轮机构类型和特点。

常用槽轮机构类型和工作特点见表 10–6。

表 10–6 常用槽轮机构类型和工作特点

类型	简图	工作特点
单圆销外槽轮机构		主动拨盘每回转一周,圆销拨动槽轮运动一次,且槽轮与主动杆转向相反,槽轮静止不动的时间很长
双圆销外槽轮机构		主动拨盘每回转一周,圆销拨动槽轮运动两次,减少了静止不动的时间。槽轮与主动杆转向相反。增加圆销个数,可使槽轮运动次数增多,但圆销数目不宜太多

续表 10-6

类型	简图	工作特点
内啮合槽轮机构		主动拨盘匀速转动一周,槽轮间歇的转过一个槽口,槽轮与拨盘转向相同。其结构紧凑,传动平稳,槽轮停歇时间短

槽轮机构的优点:能准确控制转角、工作可靠,转位方便。与棘轮机构相比,机械效率较高。缺点:槽轮的角速度不是常数,在启动和停止时加速度变化大,因而惯性力也较大,不适用于转速过高的场合。其结构比棘轮机构复杂,制造和加工精度要求比较高。转角大小受槽数 z 的限制,不能调节。

三、不完全齿轮机构

如图 10-8 所示为外啮合式不完全齿轮机构。由于主动轮 1 的齿数减少,只有三个齿,因此主动轮旋转一周,从动轮转 1/6 周,且从动轮转一周停歇六次。这种主动齿轮连续转动,从动齿轮做间歇运动的齿轮机构称为不完全齿轮机构。

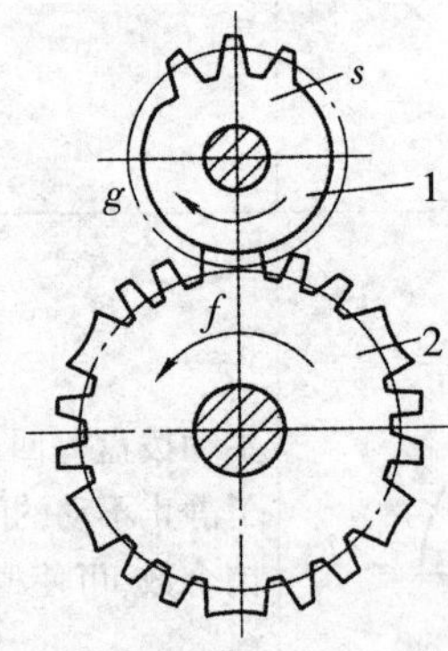

1.主动轮 2.从动轮

图 10-8 外啮合式不完全齿轮机构

不完全齿轮机构的特点为结构简单,工作可靠,传递力大,但其工艺复杂,从动轮在运动开始和终止位置有较大冲击,只适用于转载、低速的场合。

思考与练习

1. 什么是间歇运动？常见的间歇运动机构有哪些？
2. 棘轮机构有哪些基本组成部分？怎么调节棘轮转角的大小？
3. 内啮合槽轮机构与外啮合槽轮机构相比有何不同？

综合练习

1. 车床走刀箱常采用(　　　)机构来调节走刀速度。
   A.倍增速变速　　B.塔齿轮变速　　C.拉键变速
2. 卧式车床走刀系统采用的是(　　　)换向机构。
   A.三星轮　　B.离合器锥齿轮　　C.滑移齿轮
3. 自行车后轴上的飞轮实际上就是一个(　　　)机构。
   A.棘轮　　B.槽轮　　C.不完全齿轮
4. 电影放映机的卷片装置采用的是(　　　)机构。
   A.棘轮　　B.槽轮　　C.不完全齿轮
5. 六角车床刀具转位机构主要功用是采用了(　　　)机构来实现转位的。
   A.棘轮　　B.槽轮　　C.齿轮
6. 有级变速机构是在________不变的情况下,使输出轴获得________。
7. 换向机构是在________不变的情况下,可获得________改变的机构。
8. 换向机构常见的类型有________换向机构和________换向机构。
9. 槽轮机构主要由________、________、________和________组成。
10. 在不完全齿轮机构中,主动轮做________转动,从动轮做________运动。
11. 如图 10–9 所示的棘轮机构中:构件 2 和 5 的名称分别是________和________,其作用分别为________和________;在图中标出构件 1 的回转方向;若要调节构件 1 的转角,可采用________和________两种方法。

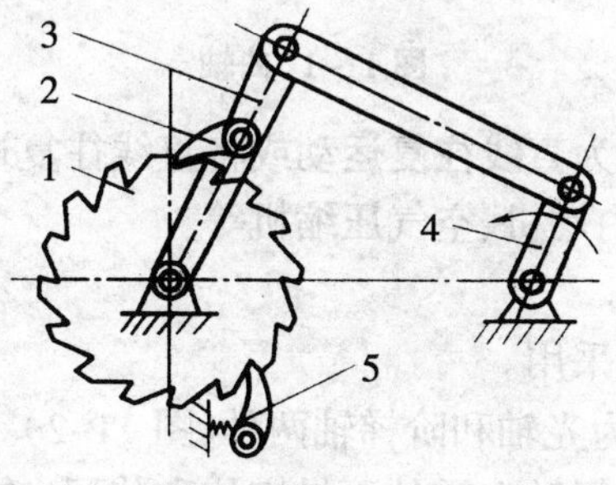

图 10–9

模块十一 轴

课题一 轴的用途和分类

一、轴的用途

轴是各种机械设备中重要零件之一，它的作用是支承做旋转运动的零件，如齿轮、带轮及链轮等，以传递运动和转矩、承受载荷并保证装在轴上的零件具有确定的工作位置和一定的回转精度。

对轴的一般要求是要有足够的强度，合理的结构和良好的工艺性。

二、轴的分类

按照轴的轴线形状不同，轴可分为曲轴(图 11-1)和直轴两大类。

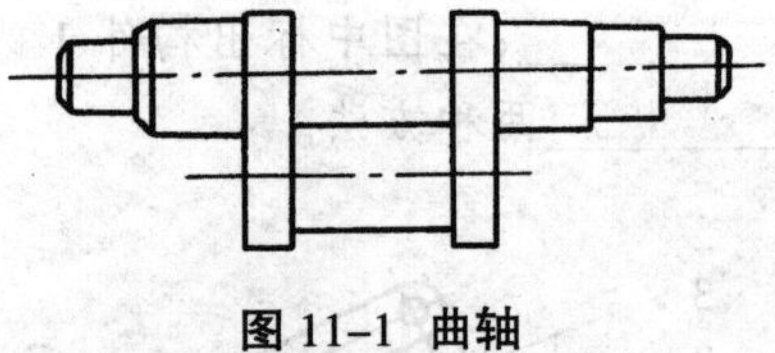

图 11-1 曲轴

曲轴用于将回转运动转变为直线往复运动或将直线往复运动转变为回转运动，是往复式机械中的专用零件，常用于内燃机、空气压缩机等。

本模块主要讨论直轴。

直轴在机械设备中被广泛采用。

1. 直轴按其外形不同，分为光轴和阶梯轴两种(图 11-2)。

光轴形状简单，加工方便，但轴上零件不易定位和装配。在纺织、农业机械中为实现轴和轴上零件的标准化、系列化而经常被采用。

阶梯轴各截面直径不等，便于零件的装拆和固定，因此应用广泛。

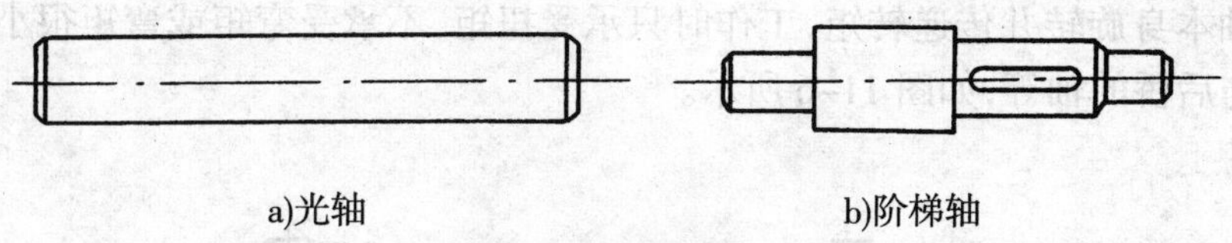

a)光轴　　b)阶梯轴

图 11–2 直轴

轴一般制成实心的，只有当机器结构要求在轴内装设其他零件，或者为了减轻轴的重量时，才将轴制成空心的，如车床的主轴，如图 11–3 所示。

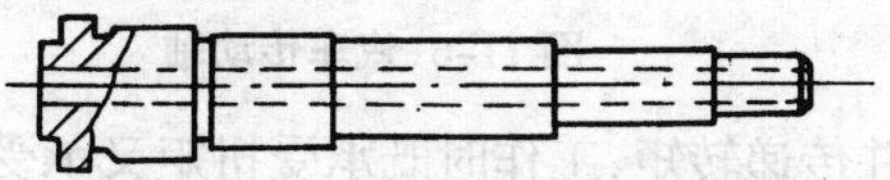

图 11–3 车床主轴

2. 直轴按其承载情况不同，又可分为心轴、传动轴和转轴三类。

心轴仅起支承作用，只承受弯矩。心轴本身可以转动，也可以不转动。前者如火车轮轴，如图 11–4 所示，后者如滑轮轴，如图 11–5 所示等。

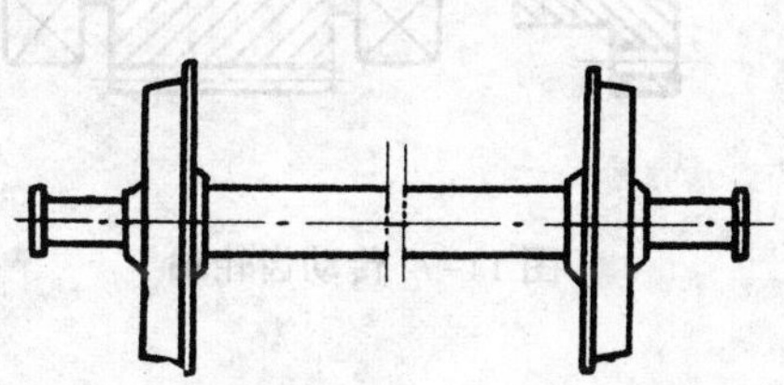

图 11–4 火车轮轴

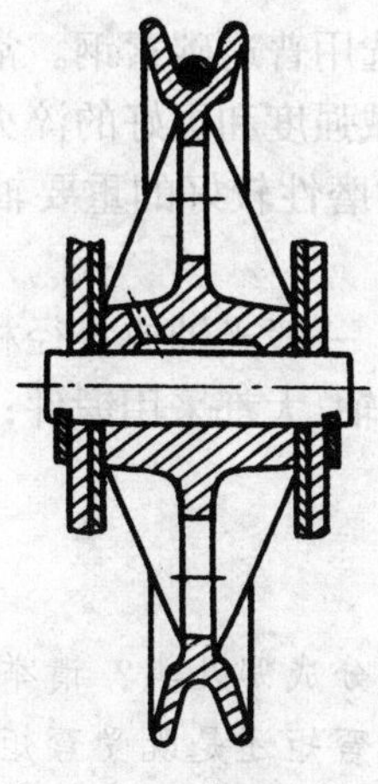

图 11–5 滑轮轴

传动轴本身旋转并传递转矩，工作时只承受扭矩，不承受弯矩或弯矩很小，如汽车上连接变速箱与后桥的轴等，如图 11-6 所示。

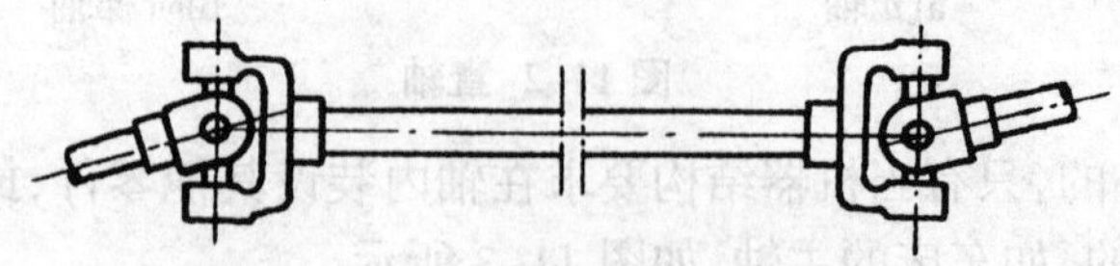

图 11-6 汽车传动轴

转轴支承回转零件并传递转矩，工作时既承受扭矩又承受弯矩，如齿轮减速器中的转轴等，如图 11-7 所示。机器中大多数轴都属于这一类。

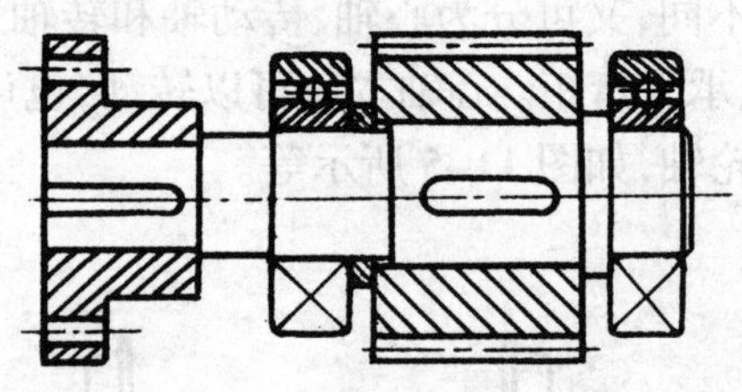

图 11-7 传动齿轮轴

三、轴的材料

轴的材料主要是锻造或轧制的碳素钢和合金钢。碳素钢经过热处理后可获得较好的综合机械性能，对应力集中的敏感性低，且价格比合金钢低廉，应用广泛。常用的有 30、40、45、50 钢，其中 45 钢最常用。

对于不重要或受力较小的轴可选用普通碳素钢。常用的有 Q235、Q255 和 Q275。

合金钢比碳素钢具有更高的机械强度和更好的淬火性能，所以多用于重载而又受到空间限制、要求截面尺寸较小或要求耐磨性较好的重要轴。常用的有 20Cr、40Cr 和 20CrMnTi 等。

轴的毛坯类型和轴的结构有关。一般光轴或直径相差不大的阶梯轴可用热轧或冷拔的圆棒料；直径相差较大或比较重要的轴，大都采用锻件；少数结构复杂的大型轴，也有采用铸钢件的。

思考与练习

1. 根据轴的受载荷情况，轴可以分成哪几类？请举例说明。
2. 自行车的前轴、后轴和中轴受弯矩还是既受弯矩又受扭矩？它们是心轴还是转轴？

课题二 转轴的结构

一、对转轴结构的要求

转轴的典型结构如图 11-8 所示。主要由轴颈、轴头和轴身三部分组成。轴和轴承配合的部分称为轴颈;轴上安装回转零件,如齿轮、带轮等的部分称为轴头;连接轴颈和轴头的部分称为轴身;用作零件轴向固定的台阶部分称为轴肩;环形部分称为轴环。

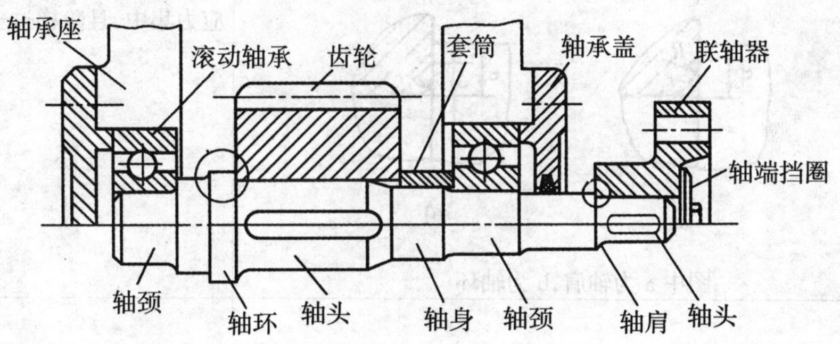

图 11-8 转轴的典型结构

转轴的结构应使轴各部分具有合理的形状。一般来说,轴的结构多种多样,没有标准形式,但轴的结构应满足的要求有:轴上零件要有可靠的周向固定和轴向固定;便于轴上零件的拆卸和调整;具有良好的加工工艺性,尽量避免或减小应力集中;受力合理,有利于节约材料及减轻轴的重量等。

二、轴上零件的固定

1. 轴上零件的轴向固定。

轴上零件的轴向固定是为了使零件在轴上有确定、可靠的轴向位置,防止零件做轴向移动,承受轴向力,以保证零件正常工作。常用的轴上零件轴向固定方法及特点见表 11-1。

表 11-1 轴上零件轴向固定方法及特点

类型	结构简图	特点及应用
轴肩及轴环	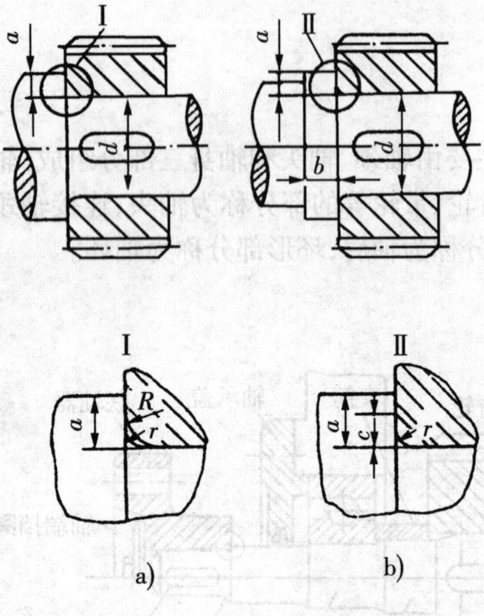 a) b) 图中 a 为轴肩，b 为轴环	简单可靠，不需附加零件，能承受较大的轴向力。广泛应用于各种轴上零件的固定 该方法会使轴径增大，阶梯处形成应力集中，且阶梯过多将不利于加工
套筒	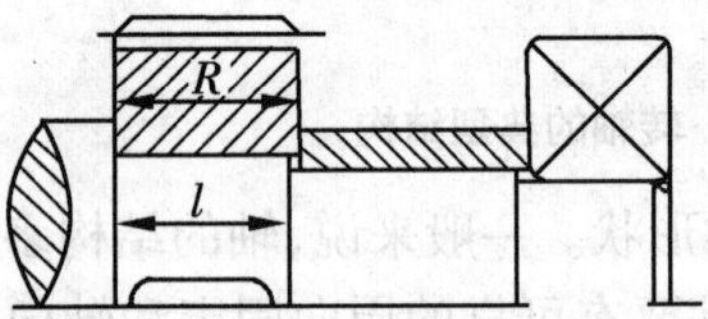	简单可靠，简化了轴的结构且不削弱轴的强度 常用于轴上两个近距离零件间的相对固定，不宜用于高转速轴
轴端挡圈	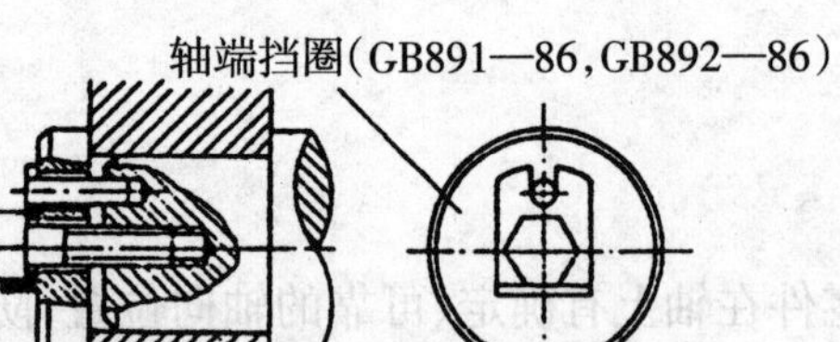 轴端挡圈（GB891—86，GB892—86）	工作可靠，能承受较大轴向力，应用广泛
锥面	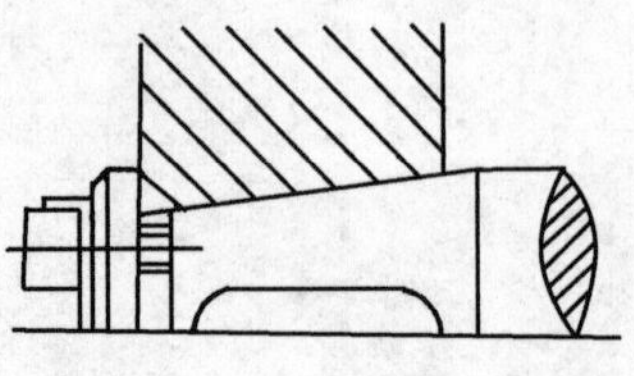	装拆方便，可兼做周向固定 宜用于高速、冲击及对中性要求高的场合

续表 11-1

类型	结构简图	特点及应用
圆螺母	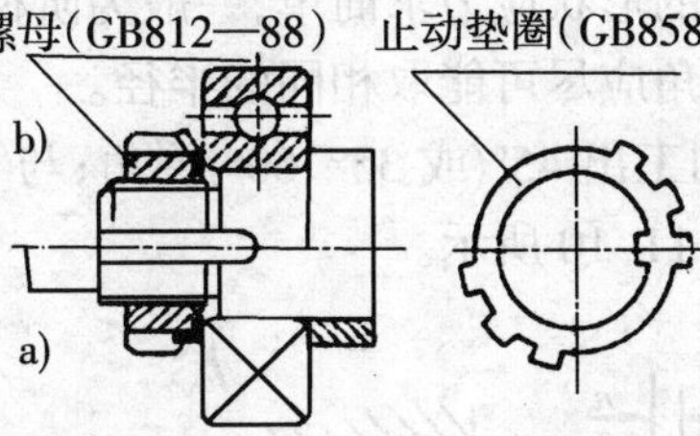 圆螺母(GB812—88) 止动垫圈(GB858—88) b) a)	固定可靠，可承受较大轴向力，能实现轴上零件的间歇调整 常用于轴上的两零件间距较大处，如图 a)所示，亦可用于轴端，如图 b)所示
弹性挡圈	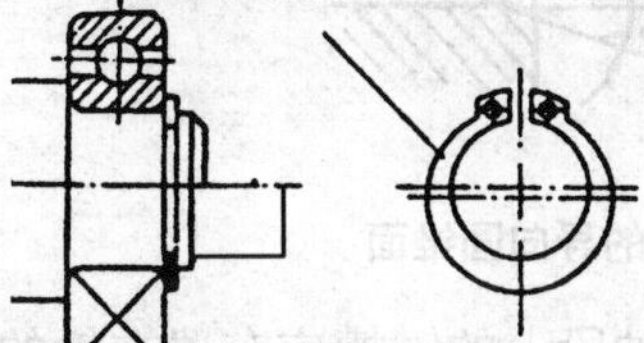 弹性挡圈(GB894.1—85,GB894.2—86)	结构紧凑、简单、装拆方便，但受力较小且轴上切槽将引起应力集中，常用于轴承的固定
紧定螺钉与锁紧挡圈	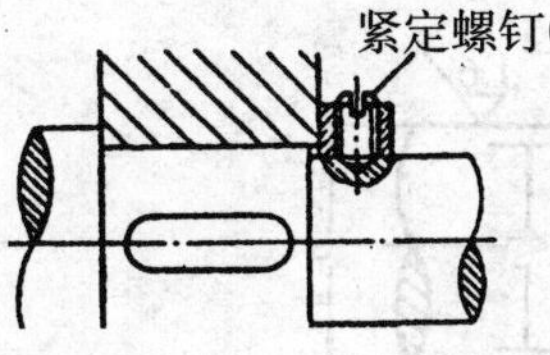 紧定螺钉(GB71—85)	结构简单，但受力较小且不适于高速场合

2. 轴上零件的周向固定。

轴上零件的周向固定是为了传递转矩，防止轴上零件与轴产生相对转动。常用的周向固定方法有键和销连接，键和销连接将在模块十二中学习。当传递转矩很小时，可采用紧定螺钉固定(图 11–9)。

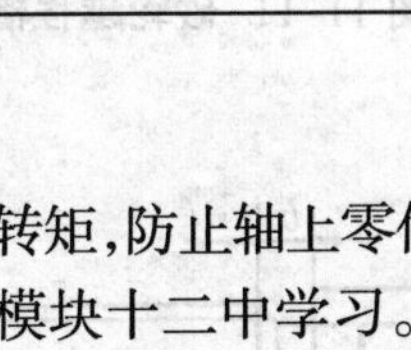

图 11–9 紧定螺钉固定

三、轴上常见的工艺结构

在合理确定轴的结构时，应使其便于加工、装配和维修，以减少劳动量，提高生产效率和降低成本。

1. 为便于轴上零件的装拆和固定，轴的形状应力求简单，一般为阶梯轴。

2. 为便于切削加工，同一根轴上的圆角应尽可能取相同的半径。

3. 为便于轴上零件的装配，轴端应加工出 45°(或 35°、60°)倒角；与零件成过盈配合时，轴的装入端常需加工出导向圆锥面，如图 11-10 所示。

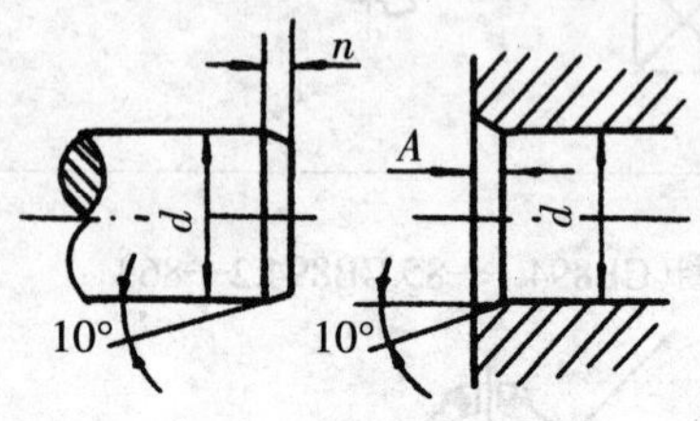

图 11-10 轴端的导向圆锥面

4. 为减少装夹工件的时间，同一根轴的各轴段上的键槽应布置在轴的同一母线上，键槽宽度应尽量一致。

5. 轴段若需磨削或切制螺纹时，须留出砂轮越程槽，如图 11-11 所示或螺纹退刀槽如图11-12 所示。

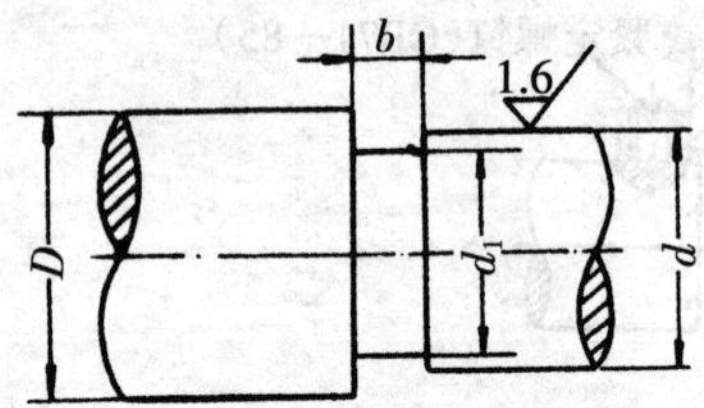

图 11-11 砂轮越程槽

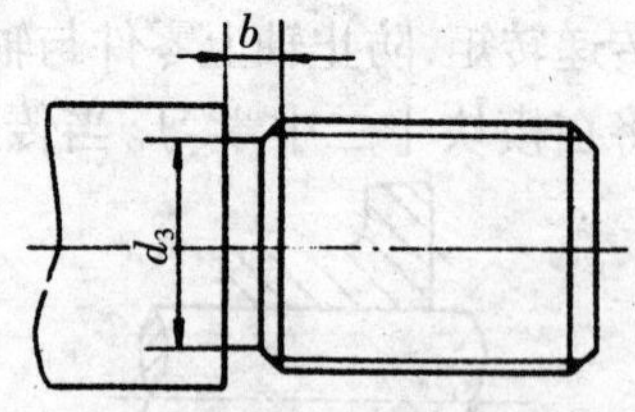

图 11-12 螺纹退刀槽

思考与练习

1. 轴上零件的轴向固定目的是什么？常用的轴向固定方法有哪些？各有何特点？
2. 轴上零件的周向固定目的是什么？常用的周向固定方法有哪些？各有何特点？

综合练习

1. 自行车前轴是(　　)。
A.固定心轴　　B.转动心轴　　C.转轴
2. 在机床设备中，最常用的轴是(　　)。
A.曲轴　　B.传动轴　　C.转轴
3. 既支承回转零件，又传递动力的轴为(　　)。
A.传动轴　　B.心轴　　C.转轴
4. 在轴上支承传动零件的部分称为(　　)。
A.轴颈　　B.轴头　　C.轴身
5. 轴上零件最常用的固定方法是(　　)。
A.套筒　　B.轴肩与轴环　　C.平键连接
6. 轴的端面导角一般为(　　)。
A.40°　　B.50°　　C.45°
7. 具有对轴上零件起周向固定的是(　　)。
A.套筒和圆螺母　　B.轴肩与轴环　　C.平键连接
8. 轴一般应具有足够的________，合理的________和良好的________。
9. 自行车前轴工作时只承受________，起________作用。
10. 轴的主要功用是支承________、传递________和________。
11. 轴的工艺结构应满足三个方面的要求：轴上零件应有可靠的________；轴便于________和尽量避免或减小________；轴上零件便于________。
12. 采用圆螺母做轴向固定时，轴上必须切制出________。
13. 根据受载情况说明自行车的前轴、后轴各为何种类型的轴。
14. 如图 11-13 所示，轴的结构有哪些地方需要改进？为什么？如何改进？

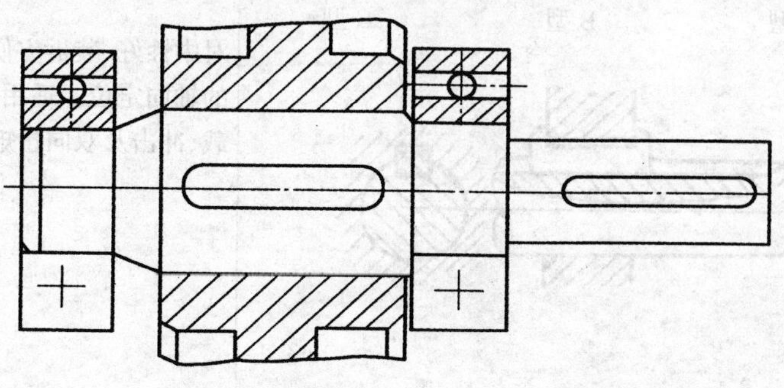

图 11-13

模块十二 键、销及其连接

课题一 键连接

键连接是将轴和轴上零件如齿轮和带轮等通过键在圆周方向固定，以传递转矩。键连接是可拆连接的一种，它具有结构简单、工作可靠、装拆方便及已标准化等特点，获得了广泛的应用。

一、键的分类及用途

常用的键连接有平键连接、半圆键连接、楔键连接和花键连接等，其中以平键连接最为常用。键的材料通常采用 45 钢。常用键连接的类型、结构及应用见表 12–1。

表 12–1 键连接的类型、结构及应用

类 型	结 构 简 图	特 点 及 应 用
普通平键连接	A 型　B 型　C 型	对中性好、装拆方便，但不能实现轴上零件的轴向定位。适用于高速、高精度、承受变载、冲击及双向扭矩的场合

续表 12-1

类型	结构简图	特点及应用
导向平键连接		导向平键用螺钉固定在轴上，键中部做有起键螺孔。 常用于轴上零件轴向移动量不大的场合，如变速箱中的滑移齿轮
滑键连接		轴上零件能带动键做轴向移动。 用于轴上零件移动距离较大的场合，如车床的光杆和溜板箱中零件的连接
半圆键连接		安装方便、结构紧凑、制造容易，但轴上键槽较深，对轴的强度削弱较大。仅适用于轻载或轴的锥形端部的连接

续表 12-1

类　型	结　构　简　图	特　点　及　应　用
楔键连接	普通楔键　钩头楔键 ≥1:100　≥1:100 a)　b)	楔键连接能使轴上零件轴向固定,并能使零件承受单向的轴向力,但对中性差,在冲击变载作用下易发生松脱。 楔键常用于对中性要求不高,载荷平稳和低速的连接,如农业机械和建筑机械中,钩头楔键用于不能从另一端将键打出的场合,钩头供拆卸用
花键连接	a)　b) c)	承载能力高、对中性和导向性好,对轴的削弱小。适用于载荷较大和对定心精度要求较高的连接,如飞机、汽车及机床制造业中,但加工需专用设备和量具、刀具,成本高

二、普通平键介绍

普通平键连接如图 12–1 所示。

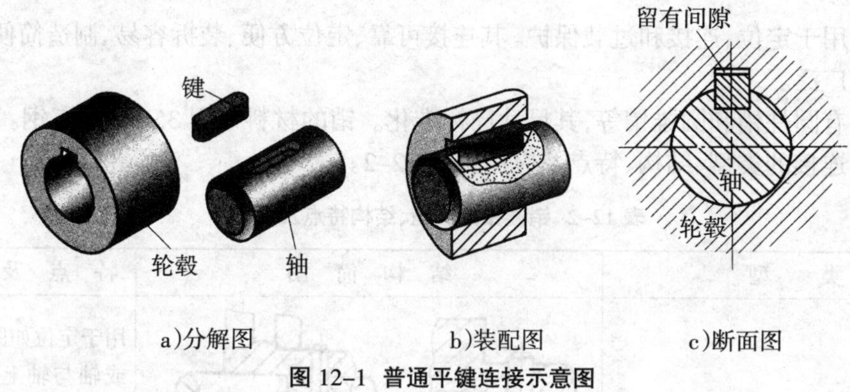

a)分解图　　b)装配图　　c)断面图

图 12–1 普通平键连接示意图

普通平键按端部形状不同可分为圆头(A 型)、方头(B 型)、单圆头(C 型)三种形式，如图 12–2 所示。圆头普通平键在键槽中不会发生轴向移动，应用最广，单圆头普通平键则多应用在轴的端部。

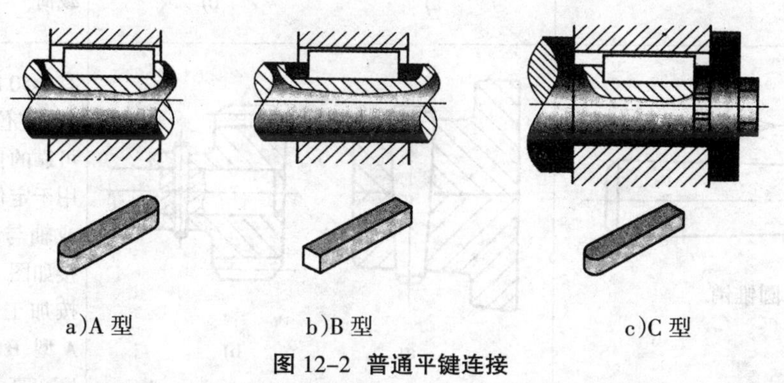

a)A 型　　b)B 型　　c)C 型

图 12–2 普通平键连接

普通平键的标记形式为：键型 键宽×键长 标准号

如　键 16×100 GB/T 1096—2003　表示键宽为 16 mm，键长为 100 mm 的 A 型普通平键。

　　键 B18×100 GB/T 1096—2003　表示键宽为 18 mm，键长为 100 mm 的 B 型普通平键。

平键是标准件，可根据用途、轴径、轮毂长度选取键的类型和尺寸。b 为宽度，h 为高度，L 为长度，规格采用 $b \times L$ 标记，其截面尺寸 $b \times h$ 应该根据轴径 d 从标准表中选择，具体数据可查阅相关标准和手册。

思考与练习

1. 键连接有哪几种类型？
2. 导向平键连接与普通平键连接有何区别？
3. 楔键连接常用于什么场合？

课题二 销连接

销连接用于定位、连接和过载保护。其连接可靠、定位方便、装拆容易、制造简便，在各种机械中应用广泛。

销主要有圆柱销和圆锥销等，其尺寸已标准化。销的材料常用 35 钢或 45 钢。

常用销连接的类型、结构、特点及应用见表 12–2。

表 12–2 销连接的类型、结构特点及应用

类　型	结构简图	特点及应用
 圆柱销	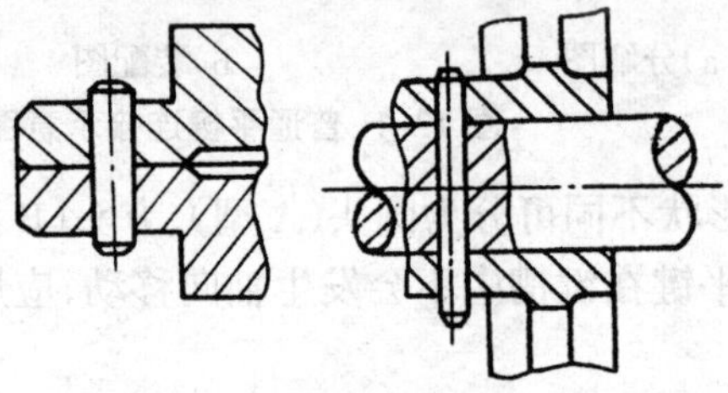 a)　b)	用于定位如图 a）所示或轴与轴上零件的连接如图 b)所示，不宜经常拆卸。 用于定位使用时不得少于两个，并且不承受载荷
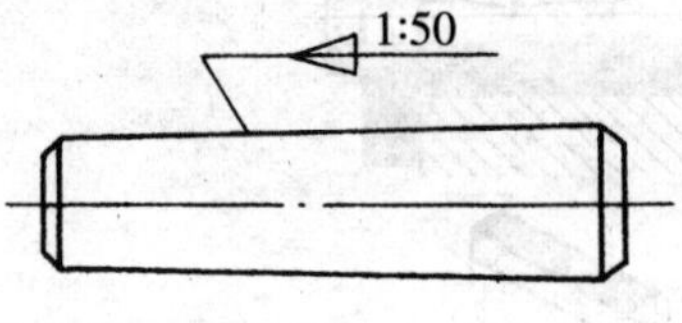 1:50 圆锥销	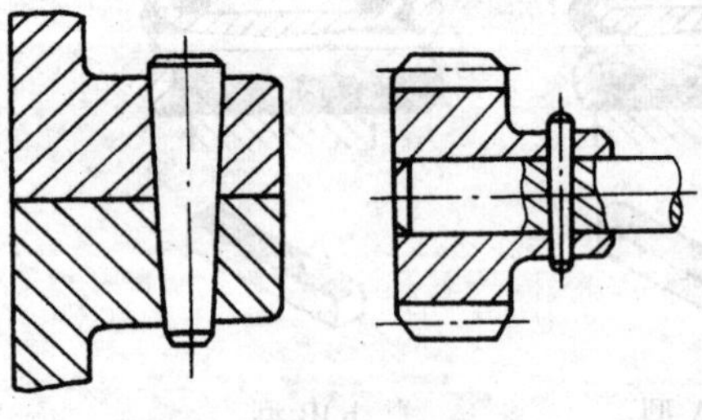 a)　b)	有 1:50 的锥度、装配方便、定位精度高，具有可靠的自锁性。 用于定位如图 a）所示或轴与轴上零件的连接如图 b)所示。 按加工精度不同分为 A 型、B 型两种，A 型精度较高。用于经常装拆的场合
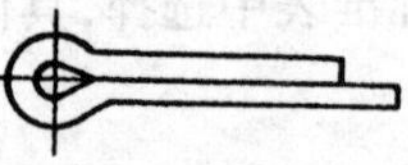 开口销		在螺纹连接件中，与开槽螺母配合使用防止连接松动。工作可靠、装拆方便。 用于有振动的高速机器上

思考与练习

1. 销连接主要用于什么场合?有哪几种类型?
2. 在生产中常用的销有哪几种？销连接有哪些应用特点？

综合练习

1. 在键连接中,(　　)的工作面是两个侧面。
A.普通平键　　B.半圆键　　C.楔键
2. 一普通平键的标记为:键 12×80 GB/T 1096—2003,其中 12×80 表示(　　)。
A.键高×键长　　B.键宽×轴颈　　C.键宽×键长
3. 键连接主要用于传递(　　)的场合。
A.拉力　　B.横向力　　C.扭矩
4. (　　)常用于轴上零件移动量不大的场合。
A.普通平键　　B.导向平键　　C.半圆键
5. 在键连接中,对中性好的是(　　)。
A.普通平键　　B.半圆键　　C.楔键
6. 定位销的数目一般为(　　)个。
A.1　　B.2　　C.3
7. 普通圆锥销(　　)的加工精度较高。
A.A 型　　B.B 型　　C.C 型
8. 下列属于不可拆连接的是(　　)。
A.焊接　　B.销连接　　C.螺纹连接
9. 普通平键的规格采用______标记,其截面尺寸应根据______查表选取。
10. 花键多用于_____和要求______的场合,尤其适用于经常_______的连接。
11. 销的基本类型有______和______等。
12. 开口销是一种______零件,为了避免损坏孔壁,可在销孔中加___________。
13. 试列举出在生产及日常生活中,销连接三种应用形式的实例。

模块十三 轴承

轴承是用来支承轴和轴上零件的，是机器中重要零件之一。机器的可靠性、寿命长短、承载能力的大小以及经济性都与轴承性能的好坏密切相关。

根据摩擦性质不同，轴承可分为滚动轴承(图 13–1)和滑动轴承(图 13–2)两大类。

图 13–1 滚动轴承

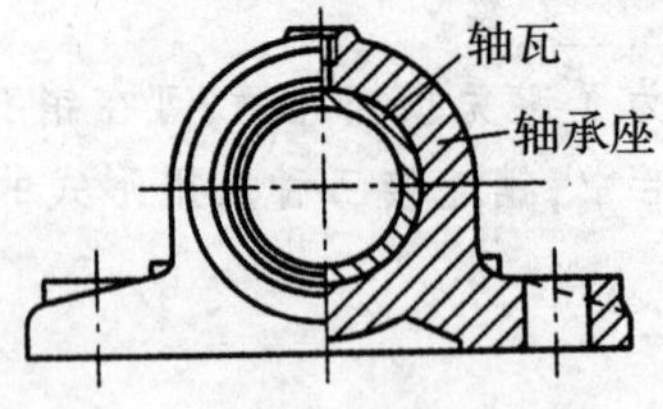

图 13–2 滑动轴承

课题一　滚动轴承

一、滚动轴承的结构

滚动轴承如图 13-3 所示，一般由外圈、内圈、滚动体和保持架组成。内、外圈上设置凹槽，一方面限制滚动体的轴向移动，起滚道作用；另一方面降低滚动体与内、外圈之间的接触应力。常见的滚动体的形状如图 13-4 所示。有球体、圆柱滚子、球面滚子等。保持架如图 13-5 所示，其作用是将相邻的滚动体隔开，并使滚动体沿滚道均匀布置。

轴承工作时，内圈和轴颈装在一起，外圈装在机座的座孔内，通常内圈随轴一起转动，外圈固定不动。

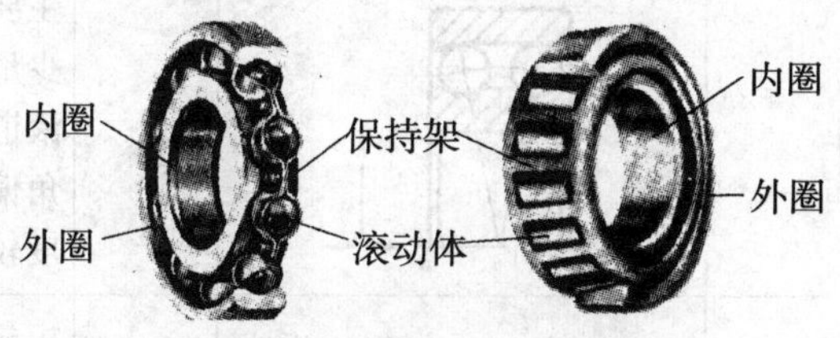

图 13-3　滚动轴承的结构

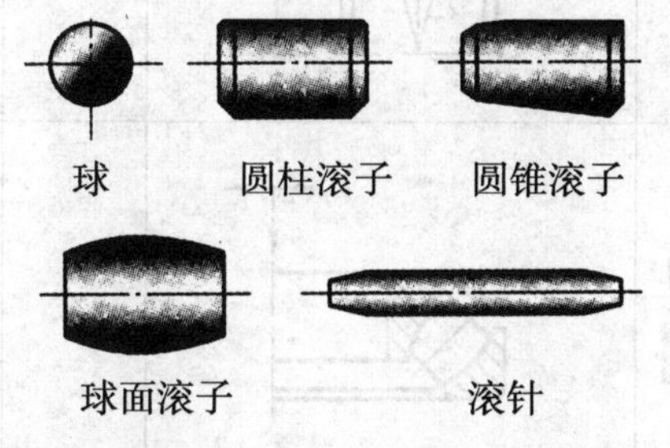

图 13-4　滚动体

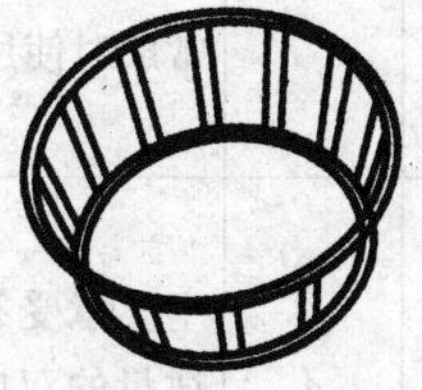

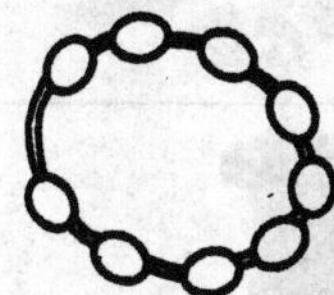

图 13-5　滚动体保持架

二、滚动轴承的类型

为适应不同的工况要求，滚动轴承有多种不同的类型。常用的滚动轴承名称、类型代号和基本特性见表 13–1。

表 13–1 常用的滚动轴承名称、类型代号和基本特性

轴承名称	结构图	简图及承载方向	类型代号	基本特性
双列角接触球轴承			0	可以承受径向载荷和作用在两个方向的轴向载荷。可以提供刚性较高的轴承配置，并能承受倾覆力矩
调心球轴承			1	主要承受径向载荷，也可承受少量的双向轴向载荷。外圈内滚道为球面，能自动调心，允许角偏差<2°~3°。适合于弯曲刚度较小的轴
调心滚子轴承			2	主要承受径向载荷，也能承受少量的双向轴向载荷，承载能力比调心轴承大；可自动调心，允许角偏差<1°~2.5°。适合于有冲击载荷和重载的场合
推力调心滚子轴承			2	可承受很大的轴向载荷和一定的径向载荷，允许角偏差<2°~3°。用于重载和要求调心性能好的场合
圆锥滚子轴承			3	同时能承受较大的径向载荷和轴向载荷，内、外圈可分离，通常成对使用，对称布置安装。
双列深沟球轴承			4	主要承受径向载荷，也能承受适量的双向轴向载荷，承载能力较大

续表 13–1

轴承名称		结构图	简图及承载方向	类型代号	基本特性
推力球轴承	单向	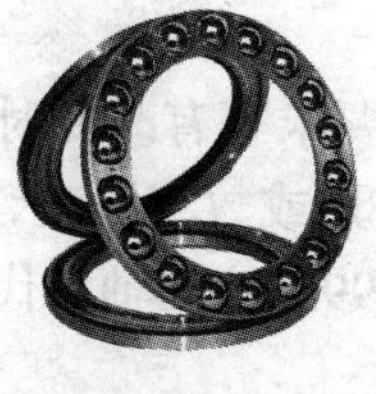		5	只能承受轴向载荷，适合于轴向载荷大、转速不高的场合
	双向		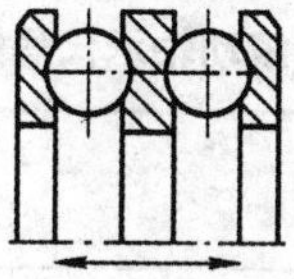	5	可承受双向轴向载荷，适合于轴向载荷大、转速不高的场合
深沟球轴承			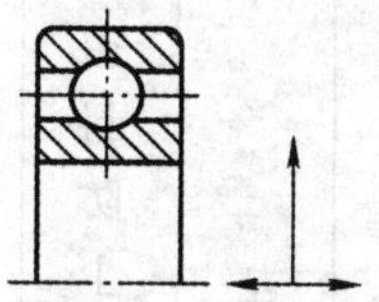	6	主要承受径向载荷，摩擦阻力小，极限转速高，结构简单，价格低廉，应用广泛
角接触球轴承			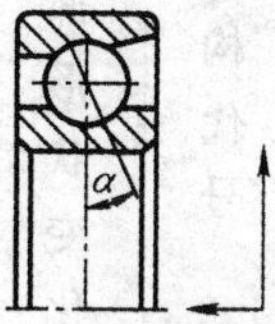	7	能同时承受径向载荷与轴向载荷。公称接触角 α 有 15°、25°、40°三种，接触角越大，承受轴向载荷的能力也越大。适合于转速较高，同时承受径向载荷与轴向载荷的场合
推力圆柱滚子轴承			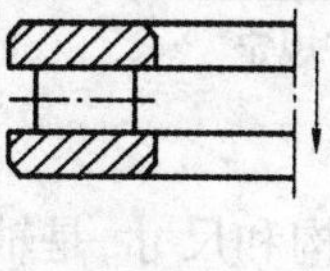	8	能承受很大的纯轴向载荷，承载能力比推力球轴承大得多，不允许有角偏差
圆柱滚子轴承			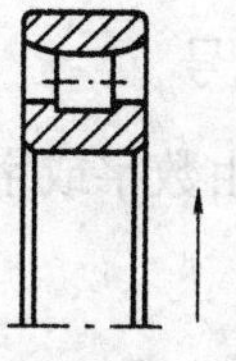	*N*	只能承受纯径向载荷，外圈无挡边。与球轴承相比承受载荷的能力较大，尤其是承受冲击载荷，但极限转速较低

三、滚动轴承的代号

滚动轴承的代号是用字母加数字来表示滚动轴承的结构、尺寸、公差等级、技术性能等特征的产品代号。有基本代号、前置代号和后置代号组成，其排列如下：

前置代号　基本代号　后置代号

前置代号和后置代号是轴承在结构形状、尺寸、公差、技术要求等有改变时，在其基本代号左右添加的补充代号。前置代号用字母表示；后置代号用字母（或数字）表示。前置代号和后置代号的表示、含义、排列以及编制规则可查阅 GB/T 272—1993《滚动轴承代号方法》。这里重点介绍基本代号以及代号实例。

国家标准在轴承代号中规定了相应的项目，具体内容见表 13–2。

表 13–2 滚动轴承代号的构成

<table>
<tr><th>前置代号</th><th colspan="5">基本代号</th><th colspan="8">后置代号</th></tr>
<tr><td></td><td>五</td><td>四</td><td>三</td><td>二</td><td>一</td><td>1</td><td>2</td><td>3</td><td>4</td><td>5</td><td>6</td><td>7</td><td>8</td></tr>
<tr><td rowspan="3">成套轴承分部件代号</td><td rowspan="2">轴承类型代号</td><td colspan="2">尺寸系列代号</td><td colspan="2" rowspan="3">内径代号</td><td rowspan="3">内部结构代号</td><td rowspan="3">密封防尘与外部形状变化代号</td><td rowspan="3">保持架及其材料代号</td><td rowspan="3">轴承材料代号</td><td rowspan="3">公差等级代号</td><td rowspan="3">游隙代号</td><td rowspan="3">配置代号</td><td rowspan="3">其他代号</td></tr>
<tr><td>宽（高）系列代号</td><td>直径系列代号</td></tr>
<tr><td colspan="3">组合代号</td></tr>
</table>

注：国家标准对滚针轴承的基本代号另有规定。

1. 基本代号。

基本代号表示轴承的基本类型、结构和尺寸，是轴承代号的基础。一般有轴承类型代号、尺寸系列代号、内径代号构成，排列如下：

类型代号　尺寸系列代号　内径代号

（1）轴承类型代号　轴承类型代号是由数字或字母表示，详见表 13–3。

表 13-3　轴承类型代号

类型代号	轴　承　类　型	类型代号	轴　承　类　型
0	双列角接触球轴承	6	深沟球轴承
1	调心球轴承	7	角接触球轴承
2	调心滚子轴承和推力调心滚子轴承	8	推力圆柱滚子轴承
3	圆锥滚子轴承	N	圆柱滚子轴承
4	双列深沟球轴承	U	外球面球轴承
5	推力球轴承	QJ	四点接触球轴承

(2)尺寸系列代号　尺寸系列代号是由两位数字构成,前一位数字为宽(高)系列代号,后一位数字为直径系列代号。

宽(高)系列代号:表示内径尺寸相同,而宽度(或高度)尺寸不同的轴承系列。对于向心轴承用宽度系列代号,有 8、0、1、2、3、4、5 和 6,宽度尺寸依次递增;对于推力轴承用高度系列代号,有 7、9、1 和 2,高度尺寸依次递增。如图 13-6 所示为圆锥滚子轴承内径相同,宽度不同的对比。

直径系列代号:直径系列代号表示内径相同而具有不同外径的轴承系列。代号有 7、8、9、0、1、2、3、4 和 5,外径尺寸依次递增。图 13-7 所示为深沟球轴承内径相同,外径不同的对比。

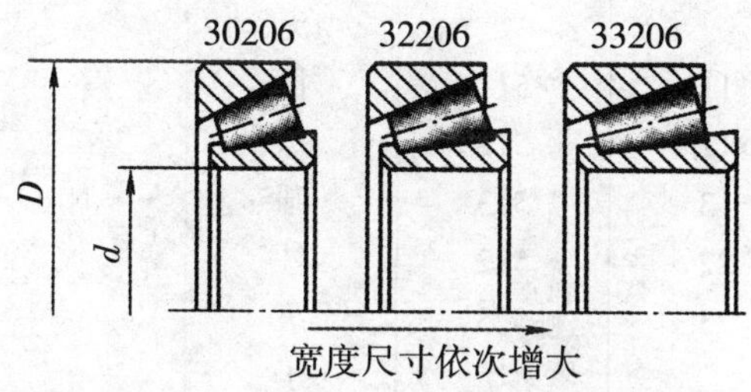

图 13-6　宽度系列示意图

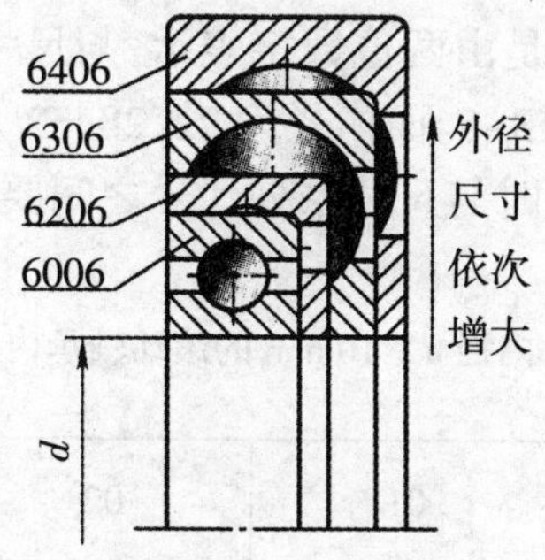

图 13-7 直径系列示意图

在轴承代号中，轴承类型代号和尺寸系列代号以组合代号的形式表达。在组合代号中，轴承类型代号“0”可省略；除三类轴承外，尺寸系列代号中的宽度系列代号“0”也可省略。组合代号中的其他特例可参照有关标准。

常用轴承的组合代号见表13–4。

表13–4　常用轴承的组合代号

轴承类型	类型代号	尺寸系列代号	组合代号	轴承类型	类型代号	尺寸系列代号	组合代号
调心球轴承	1 (1) 1 (1)	(0)2 22 (0)3 23	12 22 13 23	深沟球轴承	6	19 (1)0 (0)2 (0)3 (0)4	619 60 62 63 64
圆锥滚子轴承	3	02 03 13 22 23	302 303 313 322 323	角接触球轴承	7	(1)0 (0)2 (0)3 (0)4	70 72 73 74
推力球轴承	5	11 12 13 22 23	511 512 513 522 523	外圈无挡边圆柱滚子轴承	N	(0)2 22 (0)3 23 (0)4	N2 N22 N3 N23 N4

注：表中( )内数字在组合代号中可以省略。

(3)内径代号　内径代号一般是由两位数字表示，与尺寸系列代号紧接标注。内径 $d \geqslant$ 10 mm 的滚动轴承内径代号见表13–5。而内径为22、28、32及≥500 mm的滚动轴承，内径代号直接用内径毫米数表示，但标注时与尺寸系列代号之间要用“/”分开。如深沟球轴承62/28的内径 d=28 mm。

表13–5　内径 $d \geqslant 10$ mm 的滚动轴承内径代号

内径代号(两位数)	00	01	02	03	04~96
轴承内径(mm)	10	12	15	17	代号×5

2. 前置代号和后置代号。

前置代号和后置代号是轴承代号的补充，只是在轴承的结构形状、尺寸、技术要求等有所改变才使用，一般情况下可部分或者全部省略，其详细内容请查阅《机械设计手册》中相关标准规定。

3. 滚动轴承代号示例。

滚动轴承代号列举如下：

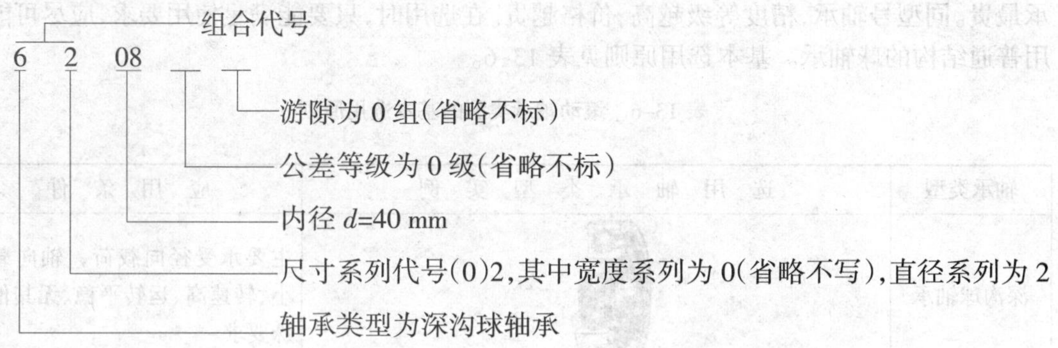

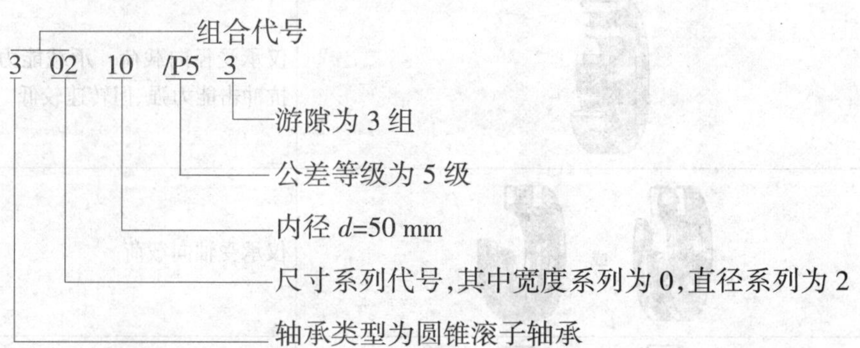

四、滚动轴承类型的选择

滚动轴承类型很多。选用时应综合考虑轴承所受载荷的大小、方向和性质，转速和回转精度，调心以及结构状况等，尽量做到经济、合理并能满足使用要求。

1. 载荷的类型。

轴承上所受载荷，按其方向不同可分为：径向载荷、轴向载荷以及同时沿径向、轴向作用的联合载荷。

2. 滚动轴承类型选用的基本原则。

滚动轴承是标准化零部件，特性不同，形式多样，在了解各类轴承特点的基础上，选用时还应考虑以下主要因素：

(1)所受载荷的大小、方向和性质　载荷的大小和方向是选择滚动轴承类型最主要的因素。一般来讲，当结构尺寸相同时，滚子轴承的承载能力比球轴承大，承受冲击的能力也比较强。根据受力的方向不同可选用径向、推力以及径向推力轴承。

(2)转速和回转精度　当轴承的结构尺寸、精度相同时,球轴承比滚子轴承间隙小。一般来讲,球轴承宜用于转速高、回转精度高的轴,而滚子轴承用于低速轴上。

(3)调心性能　对于支点跨度大或两轴承孔的同轴度难以保证时,应选择调心轴承,这类轴承内、外圈相对偏斜量不大时,仍能正常工作。调心滚动轴承必须在轴的两端同时使用,否则不能起到调心作用。

(4)经济性　普通结构轴承比特殊结构轴承便宜,球轴承比滚子轴承便宜,调心滚子轴承最贵。同型号轴承,精度等级越高,价格越贵。在选用时,只要能满足使用要求,应尽可能选用普通结构的球轴承。基本选用原则见表13-6。

表13-6　滚动轴承类型的基本选用原则

轴承类型	选用轴承类型实例	应用条件
深沟球轴承		主要承受径向载荷,轴向载荷小、转速高、运转平稳、无其他特殊要求
圆柱滚子轴承		仅承受径向载荷,承载能力大、抗冲击能力强、但转速较低
推力球轴承或推力圆柱滚子轴承	 或 	仅承受轴向载荷
角接触轴承或圆锥滚子轴承	 或 	同时承受较大的轴向载荷和径向载荷
推力轴承或深沟球轴承	  或  	同时承受较大的轴向载荷和径向载荷,但承受的轴向载荷比径向载荷大得多
调心球轴承或调心滚子轴承	 或 	工作中弯曲变形较大、轴的刚性小、两轴承座孔有较大的同轴度误差

五、滚动轴承的安装、润滑与密封

正常工作时，滚动轴承必须与轴、轴承座以及轴上零件等进行组装，并进行润滑及密封，使之组成一个有机的整体。

1. 滚动轴承的轴向固定。

一般情况下，滚动轴承的内圈安装在被支撑轴的轴颈上，而外圈装在轴承座上。在安装时，对轴承的内、外圈都要进行必要的轴向固定，以防止运转中产生轴向窜动。

（1）轴承内圈的固定　轴承内圈的轴向固定应根据所受轴向载荷的情况，适当的选用轴肩、轴端挡圈、圆螺母以及轴用弹性挡圈等结构。常见轴承内圈的固定方式见表 13–7。

表 13–7　常见轴承内圈的固定方式

形式	轴肩的单向固定	轴肩和弹簧挡圈的双向固定
图例	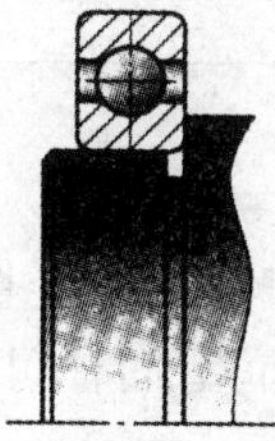	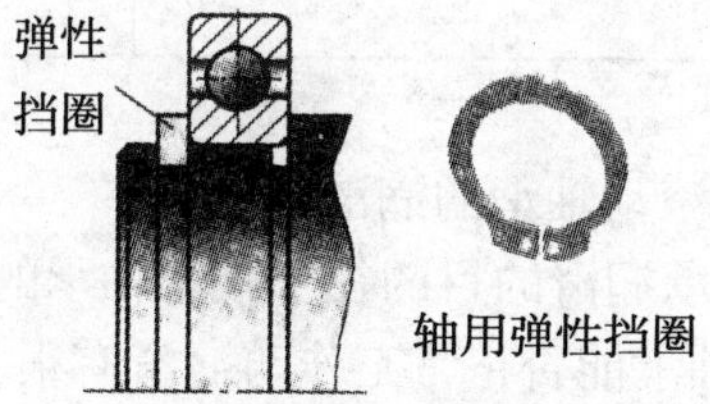 弹性挡圈 轴用弹性挡圈
形式	轴肩和轴端挡圈的双向固定	轴肩和圆螺母的双向固定
图例	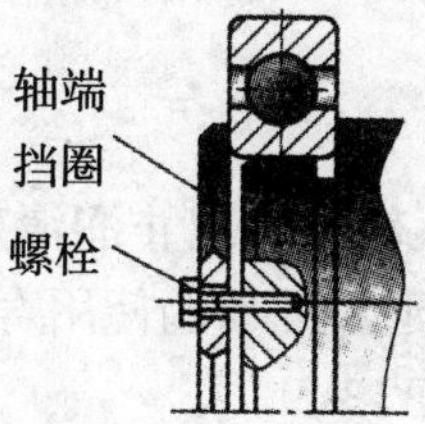 轴端挡圈 螺栓	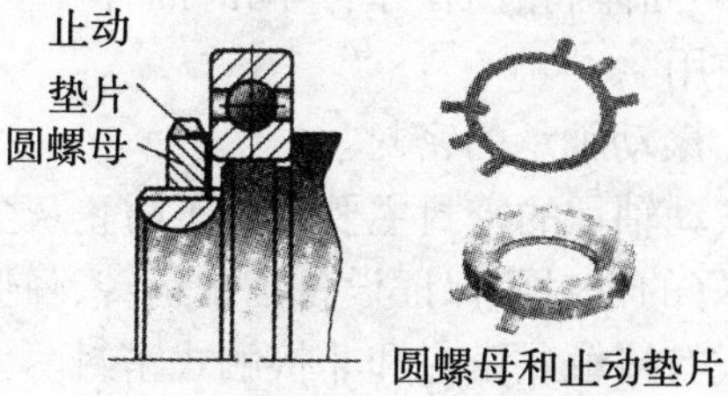 止动垫片 圆螺母 圆螺母和止动垫片

(2)轴承外圈的固定　轴承外圈的轴向固定一般可采用轴承端盖、轴承座孔或孔用弹性挡圈等结构。常见轴承外圈的固定方式见表 13–8。

表 13–8 常见轴承外圈的固定方式

形式	轴承端盖的单向固定	轴承端盖和轴承座孔的双向固定	弹簧挡圈和轴承座孔的双向固定
图例	调整垫片 轴承盖	调整垫片 轴承盖	弹性挡圈 孔用弹性挡圈

2. 滚动轴承的润滑。

轴承润滑的目的在于减小轴承的磨损和摩擦,同时起到冷却、减震、防尘和防锈的作用。因此,轴承能否正常工作与润滑有很大的关系。滚动轴承常用的润滑剂有润滑油、润滑脂,在特殊工况下,也可采用固体润滑。

(1)润滑油　润滑油的特点是流动性大、内摩擦小。黏度是重要的性能指标之一。一般情况下,根据工作温度、载荷大小、运动速度以及结构特点选择适合的油液黏度。原则上,工作速度低、环境温度高、工作载荷大的场合,润滑油的黏度宜选大一些。反之,应选小一些。油润滑的形式有:浸油润滑、滴油润滑和喷雾润滑等。

(2)润滑脂　润滑脂是黏稠的凝胶状材料,强度高、承载能力强且不易流失,便于密封和维护,可以长时间不必补充或更换。当轴颈的圆周速度不大于 5 m/s 时,可采用脂润滑。

(3)固体润滑剂　固体润滑剂有石墨和二硫化钼(MoS_2)等。通常,在高温和重载工况条件下使用。

3. 滚动轴承的密封。

滚动轴承的密封主要是为了防止灰尘、杂质、水分等侵入轴承和阻止润滑剂的泄漏。另外,良好的密封可保证设备正常运转、降低噪音、保护环境并延长轴承的使用寿命。常用的密封方式有接触式密封和非接触式密封两大类。具体应用见表 13–9。

表 13–9　滚动轴承常用的密封方式

类型		图例	说明	适用场合
接触式密封	毛毡圈密封		毡圈被装在梯形槽内,对轴产生一定的压力而达到密封效果	脂润滑。环境清洁,轴颈圆周速度不高于 5 m/s,工作温度不得高于 90 ℃
	皮碗密封		皮碗是标准件,其主要材料为耐油橡胶。皮碗的弹性唇边朝外,主要防止灰尘、杂质侵入	脂润滑或油润滑。轴颈圆周速度不高于 7 m/s,工作温度低于 100 ℃
非接触式密封	间隙密封		依靠轴与轴承端盖之间的间隙进行密封,原则上间隙小、流道长,密封效果好。间隙一般取0.1~0.3 mm。设置油沟可增强密封效果	脂润滑。环境清洁、干燥
	迷宫式密封　径向		将迷宫式密封圈的动圈和静圈设计为曲路形式,以节流降压达到密封效果。若填充润滑脂效果更好	脂润滑或油润滑。密封效果好
	迷宫式密封　轴向			

六、滚动轴承的公差与配合

滚动轴承的公差与配合同一般圆柱面的公差与配合不同，轴承内圈的内径与外圈的外径均为负方向，即实际尺寸均小于公称尺寸。因此，与滚动轴承配合的轴颈采用基孔制中轴的公差带，公差带规定有 17 种，如图 13-8 所示。与滚动轴承配合的外壳孔孔径采用基轴制中孔的公差带，公差带规定有 16 种，如图 13-9 所示。

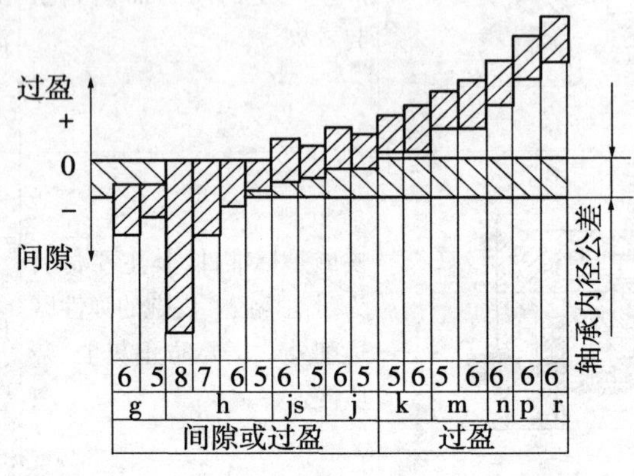

图 13-8 轴颈常用公差带

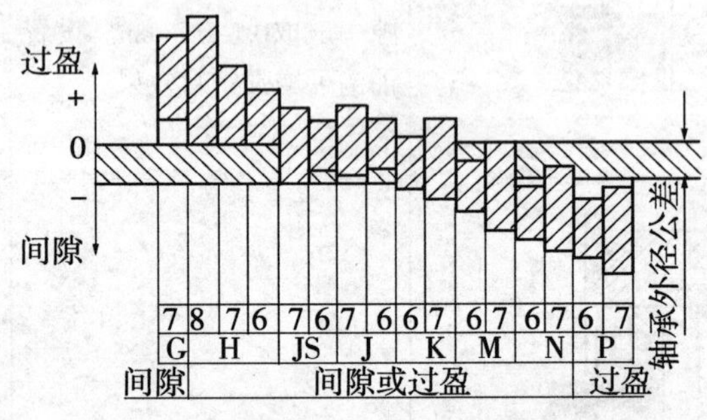

图 13-9 外壳常用公差带

值得注意的是：滚动轴承的内孔是基准孔，其公差带在零线以下，而普通圆柱公差标准中基准孔的公差带在零线以上，所以轴承内孔与轴的配合比普通圆柱公差标准中基孔制的同名配合要紧的多。滚动轴承的外圈是基准轴，其公差带也在零线以下，这样外圈与机座孔的配合与一般孔轴配合的同名配合基本上保持相似的配合公差，但轴承内、外圈的公差数值与一般孔轴配合的标准公差值不等。

在装配图中，轴承的配合无须标注配合代号，其中轴承内孔与轴的配合只标注轴的公差带代号，轴承外径与外壳孔只标注外壳孔的公差带代号，如图 13-10 所示。

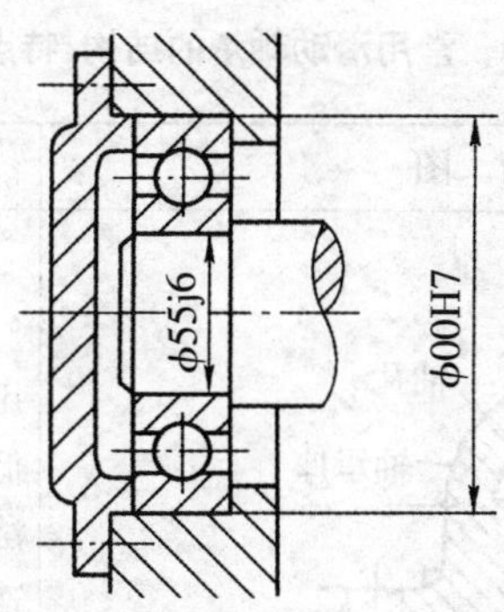

图 13-10 滚动轴承配合图样标注

选择滚动轴承配合时考虑的因素较多,其中主要的有:载荷的类型、大小、工作温度以及轴承的旋转精度等。一般来讲,转动圈宜采用过盈配合,固定圈宜采用间隙配合或过渡配合。转速高、载荷大、旋转精度高、有震动和冲击时,宜采用紧一些的配合。游动的圈套和经常拆卸的轴承,宜采用松一些的配合。滚动轴承配合的具体选择可按 GB/T 275—1993 选取。

思考与练习

1. 轴承按摩擦性质的不同,可分为哪两大类?
2. 滚动轴承主要有哪四部分组成?
3. 滚动轴承代号由什么构成?其中基本代号由什么组成?
4. 解释下列滚动轴承代号的含义:215、7302、6310。
5. 滚动轴承的类型很多,选取时应主要考虑哪些方面?
6. 滚动轴承内、外圈的固定方式主要有哪几种?
7. 滚动轴承润滑和密封的目的是什么?
8. 滚动轴承常用的密封方式有哪两类?

课题二 滑动轴承

一、滑动轴承的结构特点

仅发生滑动摩擦的轴承称为滑动轴承。根据所受载荷的方向不同,滑动轴承可分为径向滑动轴承、止推滑动轴承和径向止推滑动轴承三种形式。滑动轴承主要由滑动轴承座、轴瓦或轴套组成。装有轴瓦或轴套的壳体称为滑动轴承座。

与滚动轴承相比,滑动轴承的主要特点有:径向尺寸小,运转平稳可靠,承载能力强,抗冲击,旋转精度高,润滑方便以及可在较恶劣环境下工作。滑动轴承适合于低速、重载,或者转速特别高、轴的支撑精度要求高以及径向尺寸受限制等场合。常用滑动轴承的结构、特点见表 13–10。

表 13–10　常用滑动轴承的结构、特点

类　型		结 构 简 图	特　点
径向滑动轴承	整体式	轴瓦 轴承座	用来承受径向载荷，结构简单，成本低，但安装和拆卸不方便，磨损后无法调整轴承的径向间隙。常用于低速、轻载、间歇工作的场合
	剖分式	双头螺柱 对开轴瓦 轴承盖 轴承座	用来承受径向载荷，磨损后轴承径向间隙可调整，拆装方便，应用广泛
	调心式	Sφ	用来承受径向载荷，轴瓦与轴承盖、轴承座之间为球面接触，轴瓦在轴承中可随轴颈、轴线转动，避免因轴颈偏斜与轴承接触不良引起严重磨损。主要适合于轴的挠度较大，两轴承内孔轴线的同轴度误差较大的场合
止推滑动轴承		2 3 4 5 1 1.轴承座　2.衬套　3.轴套　4.止退垫片　5.销钉	用来承受轴向载荷，主要靠轴的端面、轴肩或轴环的端面与轴承的支撑面相接触传递轴向载荷

二、滑动轴承的润滑及润滑装置

滑动轴承润滑的目的在于减少轴承工作面间的磨损和摩擦，同时起冷却、减震、散热以及防蚀等作用。因此，正确的选择润滑方式对于延长设备使用寿命，降低磨损以及提高使用效率都是极其重要的。常见的滑动轴承润滑方式及装置见表 13–11。

表 13–11　常见的滑动轴承润滑方式及装置

润滑方式		装置结构简图	说明
间歇润滑	针阀式油杯	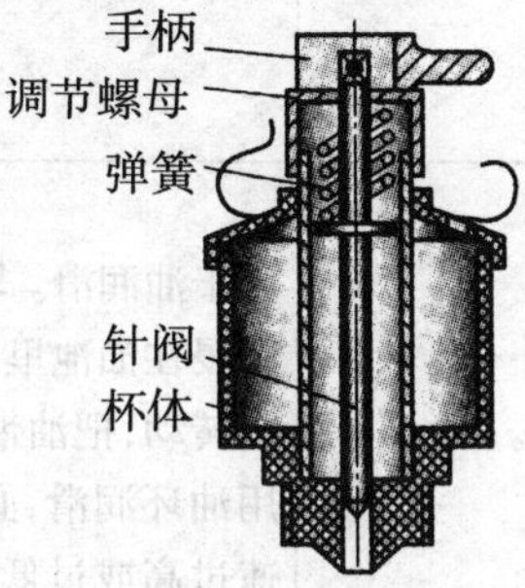 手柄、调节螺母、弹簧、针阀、杯体	用于油润滑。针阀的启闭由手柄控制：当手柄水平放置时，针阀杆在弹簧力的作用下将底部输油孔堵死，停止供油；当手柄竖直放置时，针阀杆上移，底部输油孔打开供油。旋转调节螺母可调节注油量的大小
	旋套式油杯	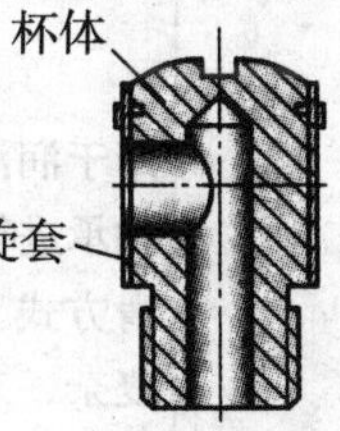 杯体、旋套	用于油润滑。旋转旋套使其旋套孔与杯体注油孔对正，利用油枪或油壶注油。停止注油时，旋转旋套使杯体注油孔与旋套壁密封
	压配式油杯	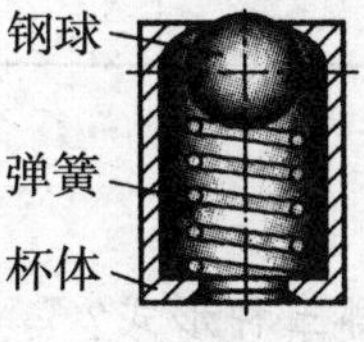 钢球、弹簧、杯体	用于油润滑或脂润滑。压下钢球利用油枪等设备注油。否则，钢球在弹簧力的作用下抬起，使注油孔封闭
	旋盖式油杯	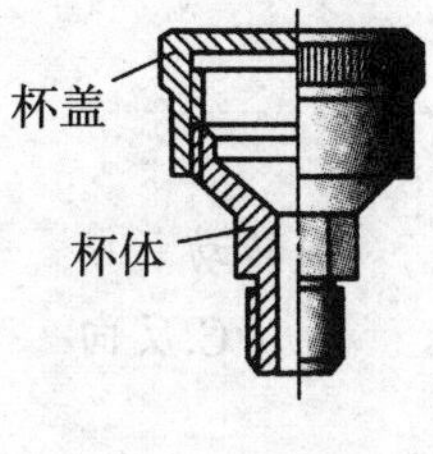 杯盖、杯体	用于脂润滑。杯体与杯盖用螺纹连接，旋合前杯体与杯盖都装满润滑脂，定时旋转杯盖，可将润滑脂压送到轴承内

续表 13-11

<table>
<tr><th colspan="2">润滑方式</th><th>装置结构简图</th><th>说明</th></tr>
<tr><td rowspan="3">连续润滑</td><td>芯捻式油杯</td><td>盖
杯体
接头
芯捻</td><td>用于油润滑。杯体中储存润滑油,通过芯捻的毛细作用达到连续润滑的目的。该润滑方式注油量小,主要用于轻载、转速不高的场合</td></tr>
<tr><td>油环润滑</td><td>轴颈
油环</td><td>用于油润滑。轴颈上套有油环,油环下部浸在油池里。当轴颈回转时,油环随之转动,把油带到轴颈处进行润滑。采用油环润滑,必须选用适合的转速,转速过高或过低将达不到理想的润滑效果</td></tr>
<tr><td>压力润滑</td><td>轴颈
油泵
油箱</td><td>用于润滑油。利用油泵将润滑油输入轴承进行润滑,供油量可调节。这种润滑方式工作可靠、润滑效果好,但结构复杂,对轴承密封要求高。常用于大型、高速、重载以及精密设备中</td></tr>
</table>

思考与练习

1. 根据所受载荷的方向不同,滑动轴承可分哪三种形式?
2. 常用的连续润滑方式有哪几种?各有什么特点?

综合练习

1. 滚动轴承内圈通常装在轴颈上,与轴(　　　)转动。

A.一起　　　　B.相对　　　　C.反向

2. 滚动轴承代号是 QJ,表示是(　　　)。

A.调心球轴承　B.四点接触球轴承　C.外球面球轴承

3. 滚动轴承公差等级分为(　　)。

A.四级　B.五级　C.六级

4. (　　)是滚动轴承的基本代号。

A.前置代号　B.基本代号　C.后置代号

5. 轴旋转时带动油环转动,把油箱中的油带到轴颈上进行润滑的方式称为(　　)。

A.滴油润滑　B.油环润滑　C.压力润滑

6. 在闭式润滑中,(　　)适用于中速机器中轴承的润滑。

A.润滑脂润滑　B.油环润滑　C.压力润滑

7. 滚动轴承常用的密封方法有______和______。

8. 保持架的作用是分隔______,以减少滚动体之间的______和______。

9. 常见滚动轴承滚动体的形状有______、______和______等。

10. 在选择滚动轴承类型时,主要考虑轴承所受载荷的______、______和______等要求。

11. 如图 13-11 所示,根据工作要求,该轴上选用了一对代号为 31209 的滚动轴承,根据轴承承载情况并结合轴上结构分析。

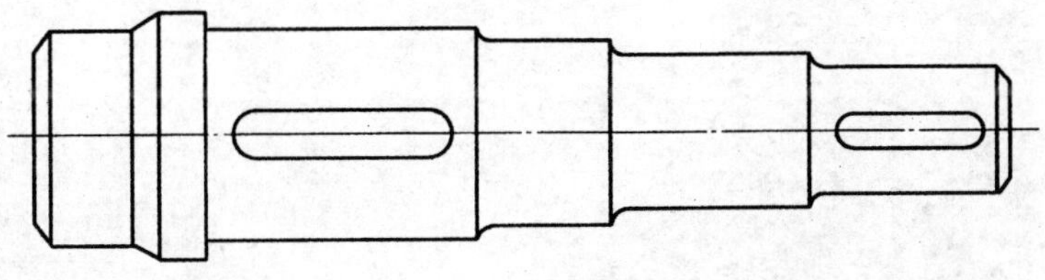

图 13-11

(1)该对轴承为(　　)。

A.深沟球轴承　B.圆锥滚子轴承　C.推力球轴承

(2)该轴属于(　　)。

A.转轴　B.心轴　C.传动轴

(3)左侧键处安装的是(　　)。

A.直齿圆柱齿轮　B.斜齿圆柱齿轮　C.人字齿轮

(4)右侧键处安装联承器,该键选用了(　　)普通平键。

A.C 型　B.A 型　C.B 型

12. 如图 13-12 所示为滚动轴承的结构,试回答:

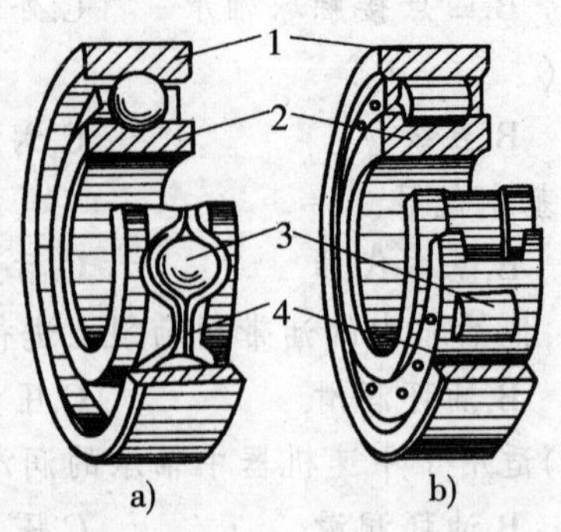

图 13-12

(1)各序号零件的名称为 1______,2______,3______,4______。

(2)同尺寸情况下,承载能力大的是图______。

(3)相同条件下,极限转速高的是图______。

(4)图 a)滚动体是______,图 b)滚动体是______。

(5)序号 4 的作用是______。

模块十四　联轴器、离合器和制动器

在生产、生活中，有许多机器需要利用联轴器、离合器或制动器来保证正常工作，如汽车、卷扬机等。

本模块我们重点学习联轴器、离合器、制动器的结构、特点及应用。

课题一　联轴器的结构、特点及应用

联轴器主要用来联结两传动轴，传递运动和转矩，使其一起转动。还可用作安全保护装置，防止机器过载。联轴器联结的两轴在工作时不能分离，只有当机器停止运转后，经拆卸才能分开。

联轴器根据结构不同可分为刚性联轴器和挠性联轴器两大类。挠性联轴器又分为无弹性元件联轴器和有弹性元件联轴器两类。

常用联轴器的类型、结构特点及应用见表 14-1。

表 14-1　联轴器的类型、结构和特点及应用

类型		图示	结构和特点及应用
刚性联轴器	凸缘联轴器		由两半联轴器及螺栓组成。凸肩与凹槽相嵌而对中。结构简单，成本低。但没有吸震、缓冲的作用。安装精度较高。适合于两轴对中性好、低速、载荷平稳及经常拆卸的场合
	套筒联轴器		由套和联结零件(销钉或键)所组成。结构简单，径向尺寸小，但拆装不方便。适合于两轴径较小，两轴对中性精度高，载荷稳定的场合

续表 14-1

类型			图示	结构和特点及应用
挠性联轴器	无弹性元件联轴器	万向联轴器		由两个具有叉状端部的万向接头和十字销组成。允许有较大的角偏移，传递转矩较大，但在传动中有附加动载荷，造成传动不稳。一般成对使用，在汽车、拖拉机及金属切削机床中广泛采用
挠性联轴器	无弹性元件联轴器	滑块联轴器		由两个有径向凹槽的套筒和两端面有相互垂直凸块中间盘所组成。结构简单，制造方便，可允许有径向和角位移，但易磨损，耐冲击性差。适合于低速、轴的刚度大以及无剧烈冲击的场合
挠性联轴器	无弹性元件联轴器	齿轮联轴器		由两个外表面有齿的套筒和两个内表面有齿的外套筒等所组成。传递很大的转矩，允许有较大的综合位移，安装精度不高，但结构复杂，转动惯性大。适合于重型机械和起重机械中
挠性联轴器	有弹性元件联轴器	弹性套柱销联		由两个带毂的圆盘及弹性套柱销等组成。结构简单，拆装方便，并能减震和缓冲，还可补偿两轴线间的少量偏移，但寿命较短。适合于转速高、工作平稳、正反转及启动频繁的场合
挠性联轴器	有弹性元件联轴器	弹性柱销联轴		由两半联轴器和非金属材料制成的柱销等所组成。结构简单，制造容易，维护方便，可允许较大的轴向位移。适合于轻载、正反转及启动频繁的场合

思考与练习

1. 联轴器都具有安全保护作用。（对　错）

2. 万向联轴器主要作用于两轴相交的传动。为了消除不利于传动的附加载荷，一般将万向联轴器成对使用。（对　错）

3. 凸缘联轴器适用于什么工作场合？有什么优缺点？

4. 什么是万向联轴器？应用于什么场合？

课题二　离合器的结构、特点及其应用

离合器主要用来联结两轴，并使其一起转动并传递转矩。和联轴器不同，离合器联结的两轴，在机器正常运转过程中可以随时进行接合或分离。常用于机械传动系统的启动、停止、换向及变速等操作，也可用于过载保护等。

离合器的特点是工作可靠，接合平稳，分离迅速而彻底，动作准确，调节维修方便，操作省力，结构简单。

离合器的类型很多，分类方式也有所不同。在机械机构的直接操作下具有离合功能的离合器称为机械离合器。机械离合器可分为啮合式和摩擦式两大类。

常用离合器的类型、结构、特点及应用见表 14–2。

表 14–2　常用离合器的类型、结构和特点及应用

类型	图　示	结构和特点及应用
牙嵌式离合器		由端面带牙的两半离合器、对中环及滑环组成，通过凸牙的啮合来传递转矩和运动。工作时，利用操作机构带动滑环轴向移动实现接合与分离。结构简单，外形尺寸小，操作简单，能传递较大的转矩。但接合时有冲击，常用于低速或停车时接合
齿形离合器		由内齿和外齿组成嵌合副的离合器。结构简单，工作可靠。常用于机床变速箱中
单盘式圆盘摩擦离合器		由主动摩擦盘、从动摩擦盘以及滑环组成。通过滑环实现主动摩擦盘、从动摩擦盘的压紧或松开，从而决定是否实现两轴转矩和运动的传递。结构简单，接合平稳，震动和冲击小，可过载保护，但传递的转矩较小。常用于启动、制动以及换向频繁的机器中。如汽车、拖拉机等
超越式离合器		由星轮、外圈、滚柱、顶杆和弹簧等组成。外圈和星轮都可作主动件。若星轮作主动件，且顺时针转动，滚柱受摩擦力的作用被楔紧，于是外圈随星轮一同顺时针转动，离合器处于接合状态。但当星轮反时针转动时，滚柱被带到楔形空间大端，从动的外圈即不随星轮转动，离合器处于分离状态。若外圈作主动件，则运转情况正好相反。分离和接合平稳，无噪音，可在高速运转中实现离合。广泛应用于内燃机驱动的运输机械，如机车、汽车、轮船等

思考与练习

1. 机械离合器有哪两种类型？各有什么特点？
2. 什么是超越离合器？
3. 联轴器和离合器在功用上有什么区别？
4. 联系所学知识，了解离合器在摩托车、汽车中的应用。

课题三 制动器的结构、特点及其应用

在一些机械设备中，为了降低某些运动部件的转速或迫使其停止，就必须采用制动装置。如自行车、汽车刹车等。

制动器是利用摩擦力矩降低机器运动部件的转速或使其停止回转的装置。在设计和使用过程中必须满足以下要求：

1. 要有足够的制动力矩。
2. 动作灵敏，工作安全可靠，操作方便，无冲击。
3. 制动器零件要有足够的强度和刚度，并要有较高的耐磨性和耐热性。
4. 结构简单，外形紧凑。
5. 调整、维护方便。

制动器按制动零件的结构特征可分为闸带式、内涨式、外抱块式等，其类型、结构和特点及应用见表 14–3。

表 14–3 常用制动器的类型、结构和特点及应用

类型	结构简图	结构和特点及应用
闸带式制动器	制动轮 ω 制动带 杠杆 F_Q	由制动轮、制动带和杠杆等组成。在力 F 的作用下，利用杠杆收紧制动带，通过制动带与制动轮之间的摩擦力达到制动的目的。结构简单，容易调节，但磨损不均匀、制动力矩不大。为增大摩擦力矩，闸带材料一般在钢带上附以石棉或加铁纱帆布
内涨式制动器	1 2 3 4 5 6 7 8 1 和 8.销轴 2 和7.制动蹄 3.摩擦片 4.缸体 5.复位弹簧 6.制动轮	由制动蹄、制动轮(轴)、缸体(气、液)、摩擦片以及复位弹簧等组成。制动时由缸体产生推力克服弹簧力，使两制动蹄压紧制动轮产生摩擦力矩，从而达到制动的目的。结构紧凑，调隙方便。广泛应用于车辆以及结构尺寸受限制的设备中

续表 14-3

类型	结构简图	结构和特点及应用
外抱块式制动器	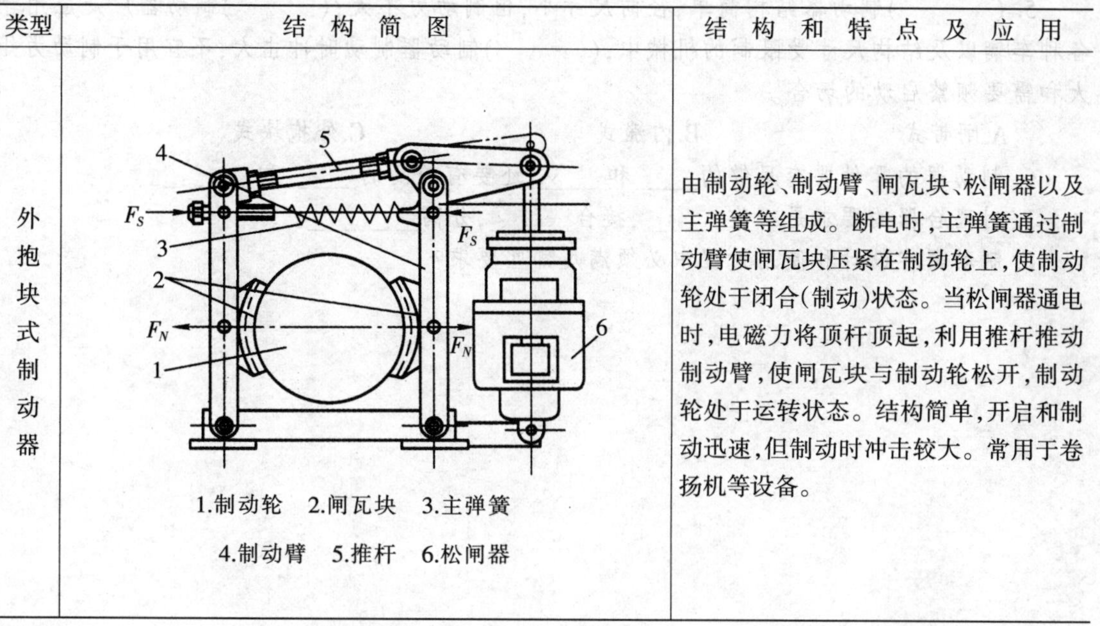1.制动轮　2.闸瓦块　3.主弹簧 4.制动臂　5.推杆　6.松闸器	由制动轮、制动臂、闸瓦块、松闸器以及主弹簧等组成。断电时,主弹簧通过制动臂使闸瓦块压紧在制动轮上,使制动轮处于闭合(制动)状态。当松闸器通电时,电磁力将顶杆顶起,利用推杆推动制动臂,使闸瓦块与制动轮松开,制动轮处于运转状态。结构简单,开启和制动迅速,但制动时冲击较大。常用于卷扬机等设备。

思考与练习

1. 制动器为什么一般安装在转速较高的轴上?
2. 联系所学知识,观察自行车的制动装置,分析其结构特征。

综合练习

1. (　　　)允许两轴间有较大的角位移且传递转矩较大;(　　　)适用于两轴的对中性好、冲击较小及不经常拆卸的场合;(　　　)一般适用于低速,轴的刚度较大,无剧烈冲击的场合。

A.套筒联轴器　　B.万向联轴器　　C.凸缘联轴器
D.齿轮联轴器　　E.滑块联轴器　　F.弹性套柱销联轴器

2. (　　　)广泛用于金属切削机床、汽车和各种起重设备的传动装置中;(　　　)多用于机床变速箱中;(　　　)常用于经常启动、制动或频繁改变速度大小和方向的机械中;(　　　)有过载保护作用。

A.齿形离合器　　B.超越式离合器
C. 单盘式圆盘摩擦离合器　　D.牙嵌式离合器

3. 若将电动机的转轴与减速机输入轴联结在一起,应当采用(　　　)。

A.联轴器　　B.离合器　　C.制动器

4. 在机床的主轴变速箱中,制动器就装在(　　　)轴上。

A.高速　　　　　　　B.低速　　　　　　　C.任意

5. (　　　)制动器结构简单,径向尺寸小,但制动力不大;(　　　)制动器广泛应用于各种车辆以及结构尺寸受限制的机械中;(　　　)制动器制动时冲击大,不宜用于制动力矩大和需要频繁启动的场合。

A.闸带式　　　　　　B.内涨式　　　　　　C.外抱块式

6. 制动器的零件要有足够的_____和_____,还要有较高的_____和_____。

7. 对离合器的要求是工作______,接合______,分离______。

8. 制动器在设计和使用过程中必须满足哪些要求?

模块十五　弹簧

课题　弹簧的基础知识

弹簧是一种弹性元件，广泛应用于各种机器中。和大多数零件的要求相反，弹簧要求刚性小、弹性高，受外力后能有相当大的变形，而随着载荷的卸除，变形消失，能恢复原状。

一、弹簧的主要功用

1. 缓冲及减震，如车辆弹簧、各种缓冲器或弹性联轴器中的弹簧。

2. 控制机构的运动或零件的位置，如凸轮机构、摩擦轮机构、离合器以及各种调速器中所用的弹簧。

3. 储存能量，如仪器和钟表的弹簧。

4. 测量力和转矩，如弹簧秤以及发动机示功器中所用的弹簧等。

弹簧工作时的载荷(F)—变形(λ 或 φ)曲线，通常称为弹簧的特性曲线。特性曲线的形式与弹簧的结构有关。具体见表 15–1。

二、弹簧的类型

为了满足不同的工作要求，弹簧有各种不同的类型。

1. 按其承受载荷的形式不同可分为：压缩弹簧、拉伸弹簧和扭转弹簧。

2. 按其形状又可分为：圆柱形螺旋弹簧、圆锥形螺旋弹簧、涡卷形螺旋弹簧、蝶形弹簧以及板弹簧等。

三、弹簧的材料

弹簧的材料应具有高的弹性极限、疲劳极限、冲击韧性和良好的热处理性能。在选择弹簧材料时，应考虑弹簧的用途、重要程度、使用条件以及热处理要求等。所谓使用条件是指载荷性质、大小及循环特性，工作温度及周围介质情况等。

常用的弹簧材料有：碳素弹簧钢、低锰弹簧钢、硅锰弹簧钢、铬钒钢等。

四、弹簧的卷绕方法

螺旋弹簧的卷绕方法有冷卷法和热卷法两种。当弹簧直径 d≤8 mm 时采用冷卷法，d>8 mm 时用热卷法。冷卷的弹簧多用冷拉、经过热处理的优质碳素弹簧钢丝，卷成后一般不再经淬火处理。热卷弹簧卷成后必须经过热处理。为提高压缩弹簧的承载能力，也可采用强压处理等方法。

常用弹簧的类型、结构图示和特性曲线、特点及应用见表 15-1。

表 15-1 常用弹簧的类型、结构图示和特性曲线、特点及应用

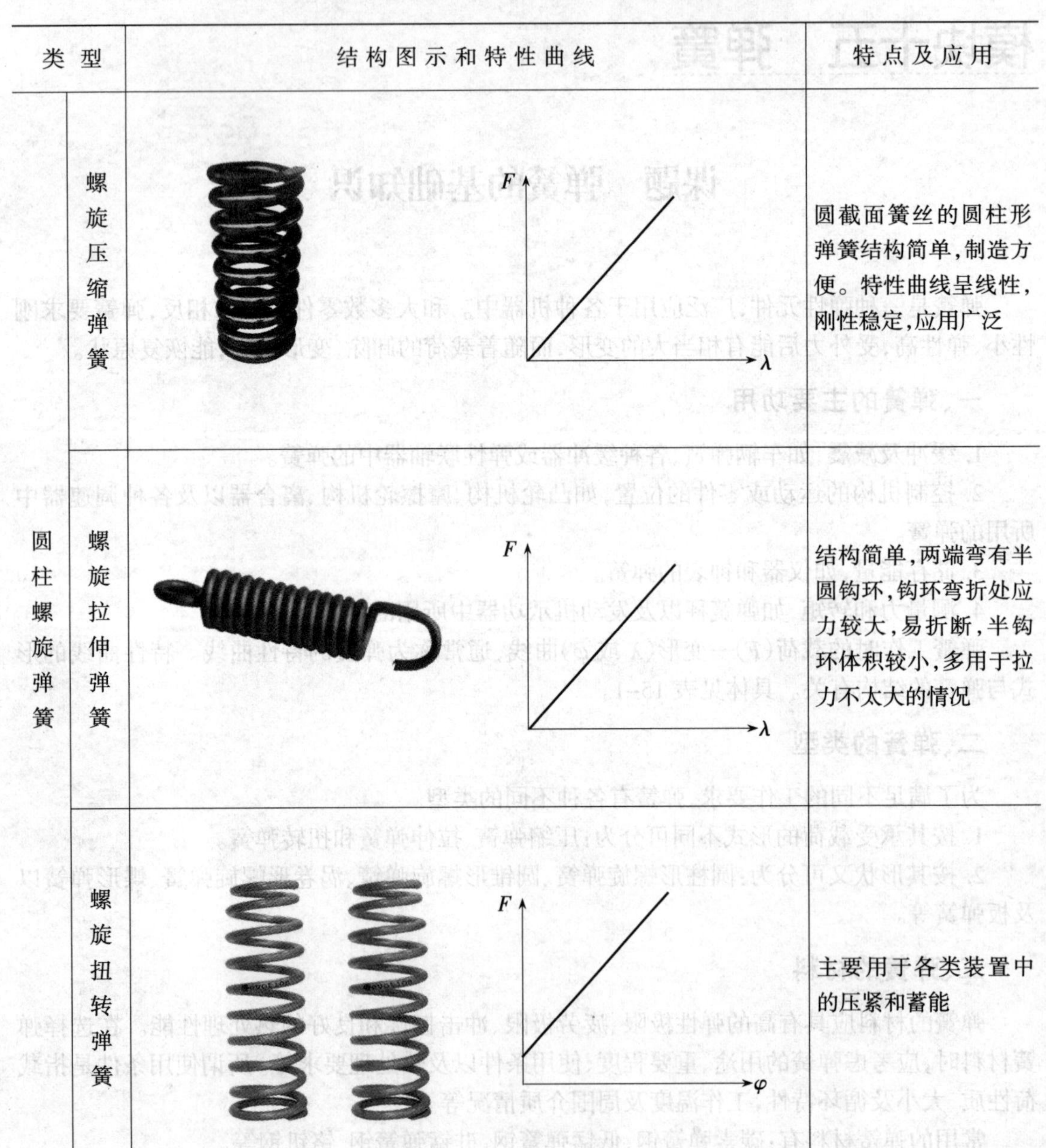

类型		结构图示和特性曲线	特点及应用
圆柱螺旋弹簧	螺旋压缩弹簧	F、λ	圆截面簧丝的圆柱形弹簧结构简单，制造方便。特性曲线呈线性，刚性稳定，应用广泛
	螺旋拉伸弹簧	F、λ	结构简单，两端弯有半圆钩环，钩环弯折处应力较大，易折断，半钩环体积较小，多用于拉力不太大的情况
	螺旋扭转弹簧	F、φ	主要用于各类装置中的压紧和蓄能

续表 15–1

类型	结构图示和特性曲线	特点及应用
圆锥螺旋弹簧	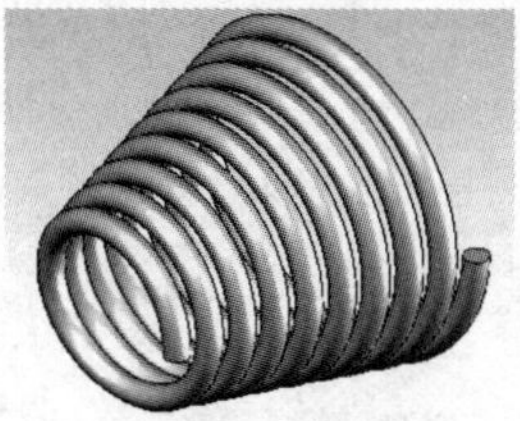 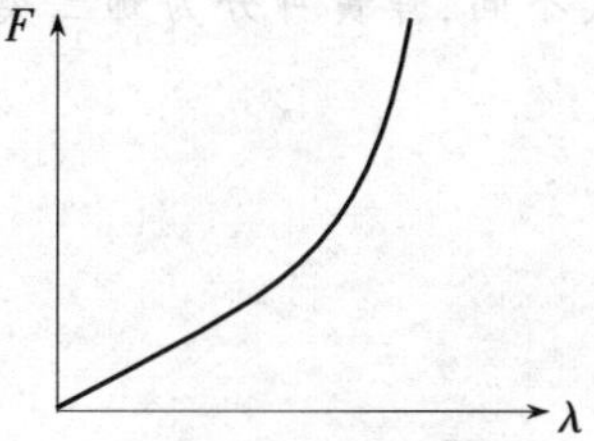 F λ	结构紧凑，稳定性好，多用于承受较大载荷和减震，其防共振能力比不等节距圆柱螺旋弹簧要好
蝶形弹簧	 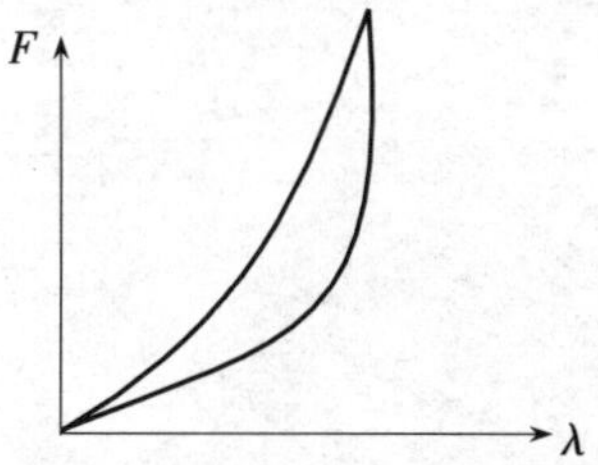 F λ	缓冲及减震能力强，采用不同的组合可得到不同的特性曲线。常用于重型机械的缓冲及减震装置
涡卷形弹簧	 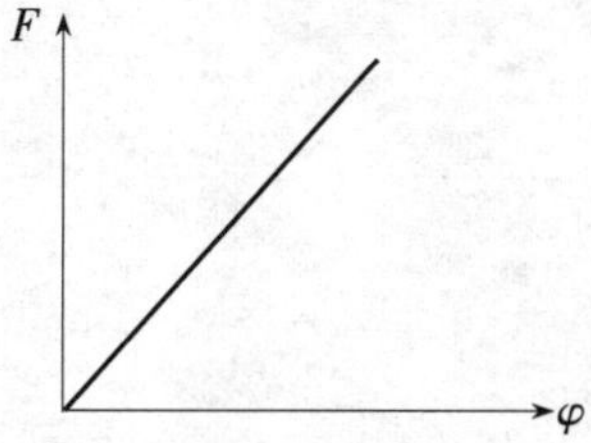 F φ	圈数多，变形角大，能储存较大的能量。常用作仪器、钟表中的储能弹簧
板弹簧	 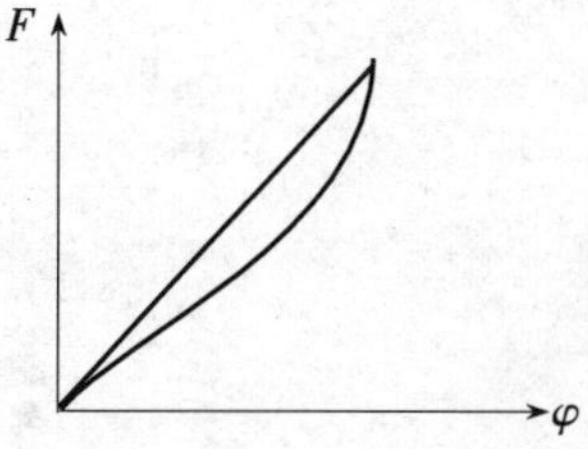 F φ	缓冲和减震性能好。主要用于汽车、拖拉机和铁路车辆的悬挂装置

思考与练习

弹簧的主要功用有哪些？

综合练习

1. 根据弹簧承受载荷的形式不同，弹簧可分为哪三类？
2. 常用的弹簧材料有哪些？